数据智能金融人才培养与教学研究

主　编：张　云

副主编：程丽萍

中国财经出版传媒集团

中国财政经济出版社

图书在版编目（CIP）数据

数据智能金融人才培养与教学研究／张云主编．--
北京：中国财政经济出版社，2020.12
ISBN 978－7－5223－0142－6

Ⅰ.①数…　Ⅱ.①张…　Ⅲ.①互联网络－金融－人才培养－研究②互联网络－金融－教学研究　Ⅳ.①F830.49

中国版本图书馆 CIP 数据核字（2020）第 212639 号

责任编辑：叶　彤　　　　责任印制：党　辉
封面设计：育林华夏　　　责任校对：李　丽

中国财政经济出版社 出版
URL：http：//www.cfeph.cn
E－mail：cfeph@cfeph.cn

社址：北京市海淀区阜成路甲 28 号　邮政编码：100142
营销中心电话：010－88191522
天猫网店：中国财政经济出版社旗舰店
网址：https：//zgczjjcbs.tmall.com
北京密兴印刷有限公司印刷　各地新华书店经销
成品尺寸：185mm×260mm　16 开　11 印张　196 000 字
2021 年 3 月第 1 版　2021 年 3 月北京第 1 次印刷
定价：50.00 元
ISBN 978－7－5223－0142－6
（图书出现印装问题，本社负责调换，电话：010－88190548）
本社质量投诉电话：010－88190744
打击盗版举报热线：010－88191661　QQ：2242791300

前　言

当前，以互联网、云计算、数据挖掘、区块链、人工智能等为代表的新技术浪潮推动金融业不断创新，金融与科技结合推动传统金融业向新金融发展，金融科技发展日新月异，逐渐成为金融发展的增速器，金融行业发生了深刻变革。当前诸多因素，比如数字技术日新月异、企业自身发展要求、社会大众对便捷金融服务需求以及有关政策支持等，都促进了金融科技的发展。大数据和人工智能技术的应用对金融原有业态带来了诸多机遇，信息化技术在金融领域的应用，基本上都会涉及大数据和人工智能。大数据在营销、风险控制和投资领域都有很好的运用场景及优势，人工智能在提升效率、客服、普惠金融和风险控制等方面发挥了积极作用。同时，金融科技在解决小微企业融资中的信息不对称、信贷定价、引流互联网化和区块链优化供应链金融方面发挥了积极作用。随着以大数据和人工智能为代表的前沿科技与金融服务的融合创新开始发力，国内数据智能复合型人才需求日益旺盛。

上海立信会计金融学院是一所会计、金融特色鲜明的公办全日制普通高等学校，学校被业界誉为未来金融家摇篮。在90多年的办学历史中，学校始终重视教育教学的研究与改革，坚持立德树人的根本任务，培养具有“诚信品质、实践能力、创新意识、国际视野”的高素质应用型人才，努力使每一位学生经过大学阶段学习以后，能够成为专业精英和社会栋梁。金融学院建院以来，努力对接上海五个中心、四大品牌和三大任务建设需求，发挥专业传统优势，适应金融新业态新模式发展要求，以产教融合、学验并重为特色，致力于培养具有诚信品质、实践能力、创新意识、国际视野的高水平应用型金融人才。学院从社会经济需要和学科专业建设出发，教学和科研融合发展，注重开展校企及国际合作项目，不断提高科学研究和人才培养的水平；同时，为学生搭建产学研实践和实验实训基地，开展多类型学生实验实践活动，鼓励学生参加实习实训，努力培养和提升学生的知识应用能力和开拓创新能力。金融学院通过政、产、学融合的新模式，服务地方经济发展，推动大数据、云计算、云安全、人工智能领域的人才培养。在不断改革和发展过程中，学院的教师及教学管理工作者积累了丰富的教学经验及教学改革的创新思想，这些教育教学探索创新成果积极推动了金融人才培养质量的提升。

本书收录了上海立信会计金融学院金融学院近期来在数据智能金融人才培养、教学研究和教学改革方面研究的部分优秀成果，涵盖了数据智能背景下应用型金融人才培养模式改革上的重点或热点问题。有的是对金融人才培养目标、培养模式等重大理论问题的深入精辟分析；有的是对金融专业课程设置、知识体系、教学目标、教学方法、教学手段、教学内容等具体方面的详细研究；有的是对产学研合作模式、实践教学、案例教学的理性思考；有的则是结合我国经济社会发展，探索一系列应用型高校金融人才培养模式与教学创新改革的真知灼见，以期进一步提高人才培养及教育教学质量。

愿本书的出版，能对我校以及其他兄弟高校复合型金融人才培养质量和教育教学水平的持续提高发挥助力作用，为我国高等教育发展作出更大贡献。由于时间有限和探索之意，疏漏之处在所难免，希望各位专家学者和阅读者能给我们提出宝贵的意见和建议，以便我们在今后工作中改进。

编者

2021 年 3 月 8 日

目　录

1　新技术驱动下的金融人才培养和教育教学改革

——基于2020届毕业生的真实告白

方源涛　叶剑锋　赵　曼*

摘要：当前，随着“新基建”的不断扩张，新技术也在不断涌现，上海立信会计金融学院作为“未来金融家的摇篮”，始终坚持着对于金融人才的高质量培养和不断推进教育教学改革。习近平总书记曾提出，中国的改革发展需要倾听民声。同样，高校的发展，也需要更多地倾听学生的声音。

2020届毕业生中，有两校合并①以后，第一批完整经历了整个“新立信”的4年大学生活的学生；也有在两校合并之前入学后“入伍”并“退伍”回来，身兼“老金融”②和“新立信”③背景的学生。由于这两种类型毕业生的成长背景特殊性，从他们的视角出发所看到的学校问题，对于学校的改革发展更具有划时代的意义。故此教研论文，是基于以上两个类型学生对整个大学生涯的回顾整理总结后完成。

引　言

一年一度的毕业季即将落下帷幕。对于毕业生而言，这意味着大学生涯快走到了终

---

* 方源涛，上海立信会计金融学院，金融学院，讲师，经济学博士。叶剑锋，上海立信会计金融学院，2016级金融学（国际金融方向）1班。赵曼，上海立信会计金融学院，2016级金融学（国际金融方向）3班。

① 由于学校发展变革的历史原因，2016年3月，经上海市委、市政府批准，上海立信会计学院和上海金融学院合并组建上海立信会计金融学院，同年4月22日，教育部批复上海市教委，同意立信、金融两校合并，对上海立信会计金融学院予以备案。

② “老金融”指上海立信会计金融学院正式成立之前的上海金融学院。

③ “新立信”指上海立信会计学院和上海金融学院合并组建的上海立信会计金融学院，即当前学校。

点，这同时也暗示着另一个起点已在悄然等待中到来。由于2020年新冠疫情的全面爆发，学生和教师们都度过了一个历史性的漫长“寒假”。对于毕业班的学生而言，这次的毕业让人有种莫名的感觉。没有了像往常那样和同学们在一起上课学习的热闹，也没有了教师们在耳边催促论文的呢喃，所有的一切都在网络上完成。对学生而言，没有了毕业季的氛围，也没有了即将各奔东西的感觉。

作为一名新进教师，我非常荣幸能指导这一批优秀的学生并护送他们顺利毕业。对于这一批毕业班的学生而言，他们每一位在大学生涯中，都有着自己的故事，都有着对学校深刻的理解。同时，这一届毕业生还有一个非常特殊的身份，他们其中大多数是第一批真正意义上的上海立信会计金融学院“土生土长”的毕业生。当然，也有个别学生是在两校合并之前入学，然后光荣入伍并退伍回来，身兼“老金融”和“新立信”双重背景的学生。

对于双重背景的学生而言，算是上了两所大学。他们自2014年来到上海，进入上海金融学院求学。大一结束后响应国家号召，义无反顾弃笔从戎，奔向部队这个大熔炉，在部队锻炼了两年。2017年9月光荣退伍后再次回到学校时，原来就读的上海金融学院已经和上海立信会计学院合并成为了一所新的学校——上海立信会计金融学院，也就是他们退伍回来后继续进修的“新”学校。所以，从某种意义上，他们相当于是上了两所大学。

为了使学校更接地气地进行以学生为本的改革发展，本文从学生的第一视角出发，侧重于描述学生在整个大学生涯中遇到的问题及困难，并总结其原因，从而给出相应的有建设性的意见，为学校在新技术驱动下的金融人才培养和教育教学改革建言献策。

一、存在的问题

（一）两校合并前后，对于学生入伍政策实行标准不统一

在学生尚未入伍时（2014~2015年），其就读的学校还是上海金融学院，那时无论是学校官方、教师，还是征兵宣讲的学长都说到，大学生当兵入伍是一件非常光荣的事情，同时学校会给予相对应的鼓励政策以权衡学业。

但是当那些学生光荣入伍并退伍回来后（2017年），上海金融学院与上海立信会计

学院已合并成为“上海立信会计金融学院”。由于两校合并，便有了新的政策，且与学生入伍前的有些不同，故对于之前承诺的政策，最终在实际落实到这批“退伍”老兵学生的过程中出现了不少问题。

比如说，有个别的学生某些科目的期末考试没有及格，入伍前辅导员和教师对他们承诺说，退伍回来后不及格的科目会给予及格处理，不会将这一科目显示挂科，所以有些已经体检过关的学生并没有去参加补考而是直接入伍了。等 2017 年退伍回来后，由于两校合并之后政策改了，导致退伍学生回来后需要重修相关科目。

（二）转专业学生学科替换问题

退伍学生学习方面也有其他问题。根据之前的入伍政策，学生入伍再退伍回来后，可以申请转到自己喜欢的专业，且对于学生的绩点和其他条件并无更多要求，因此有部分同学退伍回来后选择了转专业。但是，学生在转专业的时候，涉及不同的专业所学的专业科目的替换问题。即，学生在转专业前学习了的一些学科，转专业后一些类似之前已经学习的学科是可以进行学分互认的，无须重复选修。

但从学生反映的实际情况来看，当退伍学生去学院教学秘书那里申请时，得到的答案是需要等到毕业时学校进行统一替换。时间一长，就牵扯到了很多麻烦，虽然说目前承诺可以替换，但是不在转完专业后立马替换，学生们在选课上还是会出现很多不必要的麻烦，比如学生不确定已修课程到底最后能不能替换、要不要选修类似课程等。

（三）学分兑换问题

在学业上，有一些学分是要兑换才可以的，这也造成了一些问题。兑换学分，原则上来说，要有相对应的材料才可以进行，同时相应的材料如何进行兑换也有对应的程序。在这些程序之中，不免会出现一些令学生和校方非常头疼的问题，如材料不充分或材料的真实性有待考察等。

例如，学生的创新实践学分兑换问题，原则上有很多的兑换方式，如参加一些市级学科类比赛获奖，或在一些报刊类的平台发表学术性的文章，等等。但是在实际情况下，更多的学生会选择“刷”一些相对应的专家讲座。而学校要求要“刷”够 16 次的讲座才能兑换那 2 分的创新实践学分。所以这里就涉及学生“刷”讲座的证据之类的问题。

由于每一次的讲座在数字校园的系统上都会有相对应的预约信息，而参加讲座之后，在系统上面也会显示“某学生已参加讲座”，由此证明该学生确实参加了讲座。但是，学校这个系统很好很完善的情况下，才会有对应的证据存在。如果在学生“刷”讲座的时候，系统崩溃，就会导致记录不上的情况，即便学生确实参加了讲座，最终可能因为学校系统的原因，没有将预约的信息记录成已参加讲座，原本可足量满足兑换的参加讲座次数因系统原因可能最终兑换失败。

另外，还有一些线下讲座是在数字校园上没有的，经由辅导员通知参加并签到，这些讲座原则上也是可以兑换的。但在实际情况中，由于数字校园上没有记录，学生在参加讲座之后也没有相对应的证据，导致兑换学分证据不足而受阻。这些问题对于其他的尚未毕业的学生可能影响不是特别大，但是对于面临毕业的学生来说就是很棘手很难解决的一个问题。

（四）学校系统问题

再者就是学校系统方面的问题。学校的系统不够完善，在平时可能看不出什么问题，但是只要参与一个活动的学生很多，需要多人同时用到学校系统时，就可能出现问题，如系统崩溃导致学生进不了系统完成相对应的操作。

再如，当学生在实验中心进行上机的课程，教师布置了上机的作业，一个班级或者更多的班级一起进行，就可能会导致系统奔溃，学生进不去系统自然就无法完成教师布置的上机任务。或者，学生选课的时候，也遇到过系统崩溃，选不了课程。学校系统的不稳定和承载力低，极大地制约了学生的使用效率，也造成了一些后续的不便。

（五）网络课程存在的些许问题

学校的网课也有一些问题。从学生角度来看，网课就是手机放在那里“刷”就可以了。如果学生自己不积极去学习网课，只是把视频播放过就可以得到非常高的绩点（基本满分），这样刷绩点，对于选了更多不是网课的学生来讲是不公平的。而且，据学生反馈，学校里网课的代课现象也比较盛行。

二、原因分析

造成以上现象的原因是多方面的。

（一）学校方面

首先，学校一些政策的实行存在问题。入伍时和退伍后的政策每年都不一定相同，但学校在确定学生入伍名单后，没有第一时间将一些政策执行，而是在学生退伍后再执行政策。由于政策的改变，导致当初跟学生保证的政策不一样，之前说的一些政策没有真正落实，从而引发一些退伍学生的不满。特别是在学业方面，由于这些政策的失效，导致退伍学生比其他同学花费更多的时间与精力去完成学业。

其次，学校系统不完善，学校官网流量大、活动多时，会出现系统崩溃的情况，从而导致学生在学业方面的耽搁和教师工作方面的不便。

（二）学生方面

部分学生对自己学业不上心，没有及时和教师、辅导员联系，并完成与自己学业有关的事情。可能有的学生认为这些事情，自己不去过问，教师那边也会帮忙处理，太过于理所当然。

（三）教师方面

不能否定教师对学生的帮助，教师都是为学生好，也尽心尽力为学生处理了各种问题。但是由于各方面的原因，导致有些事情百密一疏或一拖再拖，从而造成麻烦。有一些学生没有完成规定的学习内容，教师没有及时提醒学生完成相应的操作，也造成了一些不便。

三、相关建议

以上所提及的问题，我相信也不是最近才出现的，也有很多学生曾经抱怨过。为了使学校在新技术驱动下的金融人才培养和教育教学改革越来越好，针对以上所提及的问题，综合学生的反馈，本文提出一些相关建议。

（一）学校确定入伍学生享受政策的时间和学业上的政策落实，在入伍时实时确认和解决

学生入伍时学校有相关政策，学校理应按照入伍那一年的政策来实行，而不是按退伍那一年的政策来实行。所以在学生入伍前或者入伍后，如果有一些相关的学业上的福利，学校就应该及时落实，而不是等学生退伍了回来再解决。毕竟入伍时间为两年，回来时政策或许会改变，为了避免入伍学生回校的时候和教师及校方就学业问题产生分歧，应该在学生入伍时把学业上的政策落实。

（二）转专业学生的学科替换应尽早解决

对于转专业的退伍学生的类似学科替换的问题，建议在学生退伍回来时，转完专业后，能替换的学科就尽快替换掉，而不是等到毕业时再去替换和解决。因为在及时替换之后，学生才更清楚接下来自己的学业中还有哪一些学科是需要选修和补修的，从而避免重复选修的问题。当然，这也涉及教师和学生的合作问题。学生方面，转完专业后，应该尽早明确自己要替换的学科，将要替换的学科总结出来，然后交给相对应的教师，这就会省掉以后有可能产生的麻烦。

（三）学校系统应更完善

关于学校的系统问题，相信学校在新技术的驱动下会逐步完善。待学校的系统逐步完善后，教师在教学方面才能更高效地教导学生。而学生在学习上的问题也会少很多，这也会大大改善学校的教学条件和水平，以及在学生心中的口碑。

（四）学分兑换应该更清晰

在学分兑换这个问题上，目前问题主要是材料方面比较欠缺考究。材料的真实性是学分兑换的重要条件，所以学生在学分兑换的时候一定要保证自己材料的真实性，而除了学生在数字校园上的证明之外，好像也没有其他的证明了。如果在一次讲座时系统崩溃，导致学生刷不了一卡通，数字校园里也就没有相应的证明，这会影响学生的材料提交和学分兑换。

所以学校可以在数字校园上的证明之外，要求活动的举办方也给予学生相应的证明，证明学生参加活动的真实性，这样就不会因为系统崩溃而导致学生没有证明去兑换相应的学分，对原有的证明系统还能提供有效补充。

（五）教师、学生应该更关心、更上心

教师在学生学业方面应该更关心。可以不时地注意学生学业上情况，若发现学生在学业上有什么遗漏，应该及时提醒，也要主动去了解学生的学业情况，帮助学生。

学生应该清楚自身的立场，对待自身的学业要上心，不能什么都依赖辅导员和教师。有关自身学业的问题应及时和教师沟通，确保学业上能完成、高水平完成。

四、结论

本文总结了本校学生在整个大学生涯学习中遇到的一些问题，并综合性地提出了建议。总结出真实存在的“接地气”的具体问题是为了能够更好地去解决。这些建议也是非常细化和有针对性的，希望其对学校的改革发展有一定的影响。

相信在学校相关教师和学生的共同努力下，上面提到的这些问题都会被逐一解决。学校政策实行将会更加快速、有效，学科替换会在转专业时及时完成，学校系统会更加完善，学分兑换会更加便捷，学生学业上的问题会越来越少，网络课程的实施也会更加科学有效，师生共同受益。

最后希望学校在新技术驱动下的金融人才培养和教育教学改革中，能够百尺竿头、更进一步。

2　金融科技浪潮下应用型高校人才培养的改革与创新

徐笑丁*

摘要：在互联网技术、人工智能和大量新型金融科技不断应用于金融行业的背景下，金融行业对于人才培养的要求也越来越高，应用型高校需以此为契机积极调整人才培养的目标与定位，做出适时的改革与创新，以更好地满足行业和社会对于新形势下人才的需求。本文基于金融科技的发展特点，对金融行业的积极与消极影响进行了分析，并针对金融行业当前和未来的人才需求的变化，做了针对性的分析，最终提出了应用型高校可以尝试的教学创新和改革建议。

一、金融科技的概念

（一）金融科技的概念

“金融科技（Financial Technology，FinTech）”，2011 年被首次正式提出，主要指发达国家的一些互联网企业应用与非金融机构交易的数据处理和网络技术。

2016 年 3 月，全球金融稳定理事会[①]对金融科技作出了初步定义，即“金融科技，指技术带来的金融创新，它能创造新的业务模式、应用、流程或产品，从而对金融市场、金融机构或金融服务的提供方式造成重大影响”。

---

* 徐笑丁，上海立信会计金融学院，金融学院，教师。

① 金融稳定理事会的前身为金融稳定论坛（FSF），是七个发达国家（G7）为促进金融体系稳定而成立的合作组织。在中国等新兴市场国家对全球经济增长与金融稳定影响日益显著的背景下，2009 年 4 月 2 日在伦敦举行的 20 国集团（G20）金融峰会决定，将 FSB 成员扩展至包括中国在内的所有 G20 成员国，并将其更名为 FSB（Financial Stability Board）。

在这一轮金融科技的浪潮当中，引领主体是各种科技公司以及信息服务公司。其利用互联网数据、物联网数据以及各类人工智能和算法，运用到传统的金融交易当中，如证券、银行的支付结算，信贷保险和资产管理等。在这个进程中，最初是由传统金融机构推动的，它们逐步利用各类新技术来改进和提升金融服务质量和效率，但现在转变为由科技金融企业利用自己的技术创新、逐渐分流金融机构的客户，甚至出现了替代和颠覆性的金融服务。

（二）金融科技的主要发展阶段

第一阶段，主要体现为传统金融机构利用信息技术以及硬件设备对金融服务的革新，通过自动化交易和信息处理技术提升业务效率，缩短业务流程，提高信息的准确性，但这一阶段传统上被认为是所谓的科技金融发展阶段，例如各种电子化的线上或线下的清算系统——ATS 和 ATM 在传统金融服务中的广泛运用。

第二阶段，随着移动通信和互联网的快速发展，传统金融机构开始充分利用信息的快速积累的优势，实现信息互联和业务平台的整合。这一阶段也体现为传统金融市场规模的快速扩张，以传统金融市场架构为主的金融创新层出不穷，但也意味着传统模式下的金融创新已经达到极限，需要革命性的、颠覆性的金融创新。这一阶段主要体现为以移动和互联网为基础的各类传统金融服务产品。

第三阶段，数字技术和人工智能为核心的技术性介入，导致了传统金融市场结构、运行模式特别是传统金融行业为以信息服务作为定价和收费基础的模式，遭到了彻底的颠覆，出现了金融脱媒以及去中心化趋势，传统金融机构的客户逐步被分流到其他科技服务企业，甚至出现了颠覆中央银行地位的虚拟货币。特别是随着央行发行数字货币，伴随无形化支付、网络借贷（P2P）、人工智能（AI）大数据的快速发展，导致了在传统金融领域中出现了重大变革，并且引发了金融行业中市场参与者重塑，金融业对人才需求也发生重大变化。因此有必要应对趋势，做出认真的分析和探索，为财经院校培养适合新时代发展需要的人才进行前期准备。

二、金融科技的特点

首先，金融科技产品和提供者主要依据通过互联网和物联网所获取的各类信息，以及基于各类数据延伸出的各种算法作出决策，数据覆盖面不仅仅限于传统的信用调查的各类维度。这对于金融风险和信息不对称有显著改善。

其次，在新型技术的运用下，硬件设备出现了虚拟化、非实体化的趋势，导致金融服务的人力需求大幅度下降，人力资本的支出和机构的运营成本，在规模不断上升的情况下可以显著降低。但在这一过程中，主要受益者是科技公司而非传统金融机构，因为前者所获取的信息和市场规模，是传统金融机构所无法实现的。

再次，对于金融人才需求从资本密集型、劳动密集型向知识密集型和智能算法转变，这需要精通算法、熟悉人工智能的复合型金融人才借助于计算机和软件，对金融风险估计、对金融产品定价，以及对金融服务甚至是应用场景进行设计。

最后，就是在金融创新过程当中，金融服务的进入门槛进一步降低，客户覆盖面不断扩大，服务提供方已经不限于传统金融机构，金融科技已经成为金融基础设施的重要组成。

三、金融科技对于传统金融行业的影响

（一）金融科技对传统金融业态的助益

金融科技行业的接入与扩展，导致传统金融市场和机构未能覆盖的客户被纳入金融服务对象，还出现了新型金融服务和产品，丰富了金融市场结构，并为传统机构提供了桥接作用。

1. 信用风险有所降低

由于硬件和新技术的发展，金融科技行业不仅仅从传统信用调查渠道获取客户资信，而是利用多场景、多渠道（如社交媒体，商务平台）的大数据以及算法，来降低金融行业中的信息不对称。作为风险分担者，金融科技降低了传统金融机构在融资中的信用风险，一定程度上削弱了机构的逆向选择倾向，为借贷市场的拓展和良性运行提供了较好的支持。

2. 提高了金融业务效益

在金融信息公司的参与下，传统金融机构大量使用标准化输入和智能模型，提高了录入效率，相关复核以及信息传送等流程得以简化，金融服务的主要人力操作、审核甚至是分析环节人员减少，实体网点收缩，经营支出下降。

3. 促进了金融业务创新

金融行业作为在时间和空间上为信用供求双方配置资源的行业，金融科技的软硬件服务起到了重要的推动作用。并使得传统线下服务向线上迁移，产生了大量新型金融业务和有偿信息服务，同时也有部分收费型服务向无偿型服务转型，并成为金融基础设施的一部分。

（二）金融科技对传统金融业的冲击

1. 金融科技的应用加强了脱媒和去中心化

在电子商务平台用户快速增加、移动通讯技术迅速发展和社交平台广泛应用的背景下，适应新型金融业务场景的客户，对于金融科技的依赖以及提供相关服务的科技服务公司的忠诚度不断上升，用户习惯与偏好、行为数据不断通过各种途径被汇集到云计算以及数据库中，有利于金融科技公司进行定制化的精准推送。而对于传统金融机构而言，直接通过各种柜台市场接触新客户的面签比例大大下降，在信息来源相对单一的情况下，对于客户需求的应对相对迟缓，进而出现了客户将投融资业务向非金融机构转移的趋势。同时，随着部分科技公司取得支付、金融服务牌照的情况增多，传统金融机构的居间地位逐步下降。

2. 传统金融机构的支付业务面临金融科技的挑战

首先，无论是银行还是非银行的传统金融机构，原有的线下支付业务（含 pos 终端）已经被自营在线支付、移动支付以及第三方支付机构的业务所分流，业务频率和规模出现了明显下降，业务收入受到明显影响。尽管基于金融监管要求，非银支付机构的用户仍然需要挂靠真实的银行卡支付账户。而新型科技手段配合多样化在线平台（视频流媒体、社交、商务平台等）的入口，吸引了大量用户转向科技服务平台的虚拟支付账户，尤其虚拟账户可以连接支付、借贷、清算、理财、保险等多类金融产品，非常便利跨界。进而导致银行主要的传统银行卡支付手段（尤其是实体卡市场），受到了极大冲击，客户增速下降。

3. 银行在融资借贷方面面临着金融科技的严重冲击

基于网络客户和非传统征信发展而来的网络金融服务公司，在撮合借贷双方、审核资料以及运行等方面，手续相对便捷，覆盖了传统金融机构因为成本、风控而放弃的客户群体。而因为新技术和工具提供的跨界服务和前置服务，使得金融科技服务公司可以早于商业银行接触和吸引客户。它们在借贷市场分流客户并借助数字化信息，挖掘潜在的普惠金融客户，提供新型的信用评价、信息服务和金融理财等方面的服务，并将传统金融机构的优势信息业务通过金融科技产品模块化，提供可分拆的创新工具。

4. 金融科技对传统金融行业从业人员的影响

近年来，金融科技的快速发展对传统金融行业的经营模式、市场份额、主体地位产生了巨大冲击。尤其是自动化交易、全功能业务设备、大数据和各种智能算法的运用，导致实体网点减少。现有金融业务人员中，前端柜台大量离柜（如银行、证券甚至是保险的零售业务人员），面临转岗或失业的压力。

基于以上分析，必须要重视金融科技所谓破坏性创新的冲击。在金融科技发展初期，对于传统金融机构以及市场具有补充作用，未形成较强竞争，其主要覆盖传统金融的市场空白领域，为被忽视客户（高风险）提供替代性金融服务，并培养未来潜在客户。在软硬件、客户黏性达到一定程度后，提供颠覆性的普惠金融服务，最终对传统金融市场的结构、参与者实现替代。

四、传统金融机构如何面对金融科技的挑战

首先，在金融科技的发展中，传统金融机构正在不断加快引入科技金融业务，向着移动化、集成化、智能化、数字化的方向发展，移动设备、互联网平台和专线设备以及线下传统业务有机结合，以银证险信的分业经营为基础，加强行业互通合作。

其次，金融机构需要衍生拓展金融场景与商业、社会互动的用户应用场景，缩短、消除用户的切换时差，利用新技术减少识别和认证成本，改善体验，增强客户忠诚度。

再次，金融机构专注于金融专业服务，而非拓展线下实体商务活动，避免“大而全”的发展陷阱，进一步提升对于大数据时代下新型金融风险的识别、预测和管理能力，并利用算法构建数模，提供更为多样化而非过于集中的定制化金融产品，有效分散金融风险。

最后，金融机构利用现有金融数据和客户资源，在建设自有科技子公司的同时，与市场参与机构以及其他行业展开充分合作，继续保有在信息、数据搜集、分析上的优势。

在以上行业共识的基础上，必须注意到金融与科技的关系中，后者是以手段满足经济个体金融资源配置的需求。金融行业作为一个古老的行业，在其发展历史中，从业者一直在积极利用当时最先进的科技资源，充分提高自身生存能力，并不断变革。因此金融行业的专业人才应具备以下意识与能力：

1. 开放的认知、终身学习的态度

由于未来人工智能、数字技术的介入，以及信息传递形式、货币形态的不断演化，从业人员必须具有较强的适应未来业态变化的准备，并以持续学习、终身学习的态度，对于市场出现的新技术、新变化进行研究和分析，及早适应变革。

2. 技术分析与数据挖掘能力

金融行业的基础在于信息不对称下的风险管理和资源配置能力，从业人员必须要充分利用如互联网、物联网以及未来新型信息处理技术，并利用好各类线上线下数据，进行准确、高效的分析，提高设计金融产品的针对性。

3. 数字化建设与营销运营能力

接触客户的前端业务人员和后台的数据、管理各环节的从业人员，应充分利用数字化信息，对于客户需求进行个性化、多样化组合设计，既提高满意度，也加强了用户黏性，同时满足金融机构的在风险管理的分散化原则。

五、对于新形势下应用型金融专业人才培养的建议

（一）高校应积极应对行业变革，适时调整办学定位

近年来，金融行业已经感受到金融科技进步以及来自第三方机构等的竞争压力，并积极地进行了业务、网点以及人员的调整，针对传统金融专业毕业生的招聘总规模、比例也逐步下降。因此，作为财经院校，必须面对这一现实，积极参访行业专家和金融监管部门，阶段性地进行实地调研，针对未来的业务需要发展趋势重新思考本科及以上金融专业学生的培养定位。从目前趋势来看，金融学专业毕业生定位不应当等同于技能型人才，而应当强调具有坚实的金融素养，具有较强的可拓展性以及必要的数理和运用能力。

（二）应对金融学专业人才培养方案实施弹性模块设计

由于金融科技背景下的各种实践和创新变化较快，这要求从业者和学校师生既要有所应变，又要保持不变，因此在培养方案设计当中既要保持核心金融学课程模块，同时对于拓展性、应用型的知识模块和创新性的各类实践，实训课程也要保持动态调入调出机制。专业课程团队应定期与地方金融机构以及非金融机构的软件公司进行积极沟通和交流，听取实务部门意见。并适度引入一些具有行业领先地位，应用面比较广的软件模块作为实验甚至是专业课内容。

（三）要处理好工具性课程与核心专业课程的关系

一方面，财经院校应积极应对行业培养人才的迫切需要。积极引入大数据金融程序编程人工智能等与金融学专业相结合的交叉型工具课程，建立相关的师资和梯队，但同时也应做好，在金融科技阶段性热潮冷却的情况下，相关工具课程过时的准备和替代型课程的设计。同时必须保持经济管理类以及金融专业的核心主干课程的核心地位，提高核心课程的教学质量，拓展其内涵与外延，加强学生对经济行为及经济理论的深入认识，在更高维度上提高对未来经济活动甚至是人类社会活动变革的认知能力、适应能力和创新能力。

（四）优化与引进金融学科专业师资队伍

由于金融科技时代的变革较快，理论学界对于金融科技的实践指导相对滞后。因此，在这种情况下，需要积极引入具有实务经验，特别是具有科技创新应用能力的双师型甚至是业内技术专家，参与到院校教研，引入教师队伍。并鼓励双向校企交流，为课程的设计、教学以及科研队伍充实力量。同时鼓励和支持现有教师队伍积极进行创新型金融教学和科研，以适应当前形势下对高校金融专业教师新的要求。

参考文献

[1] 余波．广东科技金融对科技创新的影响研究［D］．华南理工大学，2016.

[2] 巩丽然．我国 FinTech 发展的影响因素研究［D］．河南大学，2018.

[3] 于佳，袁宇宁．论金融科技对商业银行的影响及应对策略［J］．中国市场，2019（2）：41，47.

[4] 肇启伟，谢正娟，秦雨桐．印度金融科技的发展及对我国的启示［J］．南亚研究季刊，2018（3）：4，27－35.

[5] 许多奇．金融科技的“破坏性创新”本质与监管科技新思路［J］．东方法学，2018（2）：4－13.

[6] 葛蒙，姚征．2020，银行业金融科技怎么走？［N］．中国城乡金融报，2020－01－16（A4）．

[7] 徐进前．金融创新［M］．北京：中国金融出版社，2003.

[8] Kaufman, George, Larry Mote & Harvey Rosenblum. Implications of Deregulation for Product Lines and Geographical Markets of Financial Institutions. Journal of Bank Research, Vol. 14 (Spring, 1983), pp. 8－25.

[9] 孙娜．新形势下金融科技对商业银行的影响及对策［J］．宏观经济管理，2018.

3 金融科技背景下金融工程专业建设优化研究

尚秀芬

一、金融科技背景下金融工程专业建设的必要性

随着金融深化创新和衍生金融工具的出现，在金融科技背景下现代金融业已经明显区别于过去的传统金融业，呈现出技术化、工程化、实证化以及“自然科学化”的特点，很多金融问题远远超出了传统金融学涉及的范围，这些金融问题的解决需要借助于更多的学科知识如计算机信息处理技术、网络技术，对新型金融人才也提出了更高的要求。

为了适应金融机构对金融创新型人才的需求，在金融科技背景下，现代金融呈现出技术化、工程化、实证化的特征。金融机构对人才的需求不再是机械操作业务的业务人员，而是更注重人才的综合素质，即具有较强的自然科学、人文社科理论基础，尤其是金融工程及经济学的基本理论知识，能娴熟运用金融工程基本技能，具有扎实的数学基础和数理分析技能，具有较高的计算机应用和英语听说读写译水平，具有独立提出问题、分析解决问题的能力。任何一个层次的金融人才，均要求熟练掌握一定的金融业务技能。因此，培养一批具有扎实理论基础、具有创新精神、动手能力强、综合素质较高，能够胜任金融衍生品定价、金融产品研发、金融资产组合管理的复合型、应用型和技能型专门人才，是应用型高校金融工程专业教学的重要任务，而实践教学体系的构建有助于实现人才培养目标与金融行业人才需求的有效对接。而金融工程专业就是培养能够运用金融工程技术和方法创造性地解决金融难题的金融人才。当前的应用型高校金融教学水平满足不了金融科技时代对金融创新型人才的要求，应用型高校对人才培养定位不明确甚至偏离了市场需求的方向，也没有注重对学生创新能力和实务操作能力的培养，应用型高校需要适应当前科技与金融结合的时代背景要求，加大金融教学改革力

度，培养适应时代需求的复合型金融人才。

金融工程专业是近年来国内高校热门专业之一，其核心在于有效结合金融学、数学和信息计算科学的知识与方法，发展和创造新的金融衍生工具，解决由经济不确定性引起的金融问题，而这些金融问题是传统融资工具所无法解决的。随着我国金融市场发展趋于复杂化、多样化，特别是在现阶段互联网与云计算、大数据挖掘、人工智能、区块链等金融科技的快速发展及其在金融领域广泛应用的背景下，金融从业人员的知识储备和能力要求在不断提高，现阶段金融工程专业人才培养也需要相应地做出适当调整。

近年来，我国金融衍生品市场经历了较为快速的发展，商品期货市场交易的衍生品种类也不断增加。因此，优化金融工程专业课程体系，提高金融工程人才培养水平，具有重要的理论意义和社会实践价值。在大数据分析与金融科技快速发展的现实情形下，本文针对金融工程专业多学科交叉的特征，探讨如何优化金融工程专业课程体系，进而培养出符合当前及未来社会需求的金融工程专业人才。

二、现阶段国内金融工程专业课程体系存在的不足

随着计算机分析处理数据的能力达到一个前所未有的高度，大数据与金融科技正逐渐渗透到金融的各个应用领域。种种迹象表明，大数据时代的到来和金融科技的发展对金融工程专业人才提出了新的要求，对金融工程专业人才培养体系也产生了一定的影响。同时，学生已经不再满足于传统的教学方式和内容，如果不及时改进教学方式、优化课程内容，那么财经类高校金融工程专业人才培养体系就会出现诸如课程设置和学生需求不匹配等问题。

不同于国外大学在研究生阶段才开始进行金融工程专业人才的培养，我国高校在本科阶段就已开设金融工程专业。基于国内外金融市场的不同实际情况，经过多年的专业学科发展，国内高校金融工程专业课程体系已较为完善。然而，金融工程是一门多学科深度融合的专业课程，随着相关学科的发展，科技对金融行业的影响加深，我国经济发展对化解金融风险能力要求有所提升，现有金融工程专业课程体系在人才培养方面的不足已逐步显现。为此，本文对国内部分高校的金融工程专业进行了认真调研，表 3 - 1 是 5 所具有代表性的 985 高校金融工程专业课程设置的现状及统计分析结果。

表 3 - 1 国内 5 所财经高校金融工程专业课程设置情况

	西南财经大学	南京大学	中央财经大学	中国人民大学	南开大学
课程设置	货币银行学、政治经济学、微观经济学、宏观经济学、数理统计、运筹学、投资学、衍生金融工具、金融随机分析、金融计量学、数据挖掘与应用、金融风险管理、公司金融、金融经济学、行为金融学、固定收益证券、金融工程学、金融数据分析、金融科技	固定收益证券、金融经济学、公司、金融金融工程学、金融风险管理、金融时间序列分析、数理与统计	金融经济学、衍生金融工具与动态金融、固定收益证券、投资学、金融理财、风险管理、运筹学、金融数值计算、金融工程学概论	金融学、财政学、金融工程、衍生产品的定价理论、金融数学、公司财务、商业银行业务与经营、证券投资学、计量经济学、随机分析与随机控制、信息经济学、多元统计分析等	衍生金融工具定价、固定收益证券分析、算法交易、信用风险控制、实验金融学、实验投资学、MATLAB、SAS、R语言、金融工程案例、随机过程、微分方程、C ++ 等

通过对国内 5 所 985 高校金融工程专业的课程设置情况分析比较可以看出，除西南财经大学的课程设置较为合理外，其他 4 所高校的金融工程专业课程未能有效覆盖专业能力的培养，不能适应金融科技发展背景下行业对金融人才的需求。由表 3 - 2 可知，南京大学在专业课程设置上缺少金融应用类课程，疏于对学生金融实践能力的培养；中央财经大学的金融工程专业则没有开设提高学生计算机编程能力的专业核心课程；而中国人民大学和南开大学也面临同样的不足，这两所高校的金融工程专业都倾向金融理论与传统金融工程专业课程的开设，培养学生推导计算能力的数理类课程占比偏少。此外，本文调研的 5 所高校均为国内金融工程专业的领军学校，高校类型既包括综合性大学也包含财经类高校，高校所在地均分布在国内经济金融发达区域的核心城市，其金融工程专业建设和课程体系设置具有较强的代表性。由此可推断出，现阶段国内大部分高校在金融工程课程体系设置上仍存在诸多需要进一步完善的地方。

表 3 - 2 国内 5 所财经高校金融工程专业课程类型分布

	西南财经大学	南京大学	中央财经大学	中国人民大学	南开大学
金融理论课程	61. 11	66. 67	66. 67	63. 64	60
金融英语课程	16. 67	0	11. 11	9. 09	20
计算机课程	11. 11	16. 67	0	27. 27	20
数理类课程	16. 67	16. 67	22. 22	0	0

在金融科技深入发展、系统性金融风险管理等经济金融问题日益凸显的实际背景下，基于上述调研及对高校师生教学与学习的实际经验的提炼总结，我们深入分析并结合高校人才培养规律，对目前国内高校金融工程专业课程设置存在的问题与不足进行了

系统梳理。现阶段财经类高校金融工程专业人才培养存在的不足之处主要包括以下几个方面。

（一）专业课程设置未充分考虑学生知识储备缺乏的问题

金融工程是一门具有高度学科交叉性的专业，其对学生的知识储备广度和深度有较高的要求，很多专业课程在没有掌握前期课程知识的情况下难以有效讲授。国内部分高校在设置金融工程专业课程时，没有遵循难易与深浅循序渐进的教学规律，不注重对学生专业基础能力的培养，导致开设的后续专业课程超出学生的能力接受范围和已有的知识结构，使得学生对金融工程专业课程的学习不够透彻。

比如，金融工程有较多专业课程均涉及复杂数学模型和数理推导的内容，这要求学生掌握较为全面的高等数学知识并具有扎实的推导能力。如果学生数理计算与推导能力不足，则难以理解包括伊藤引理在内的随机微积分的内容及其在金融衍生品定价中的应用。又比如，金融工程的目的是解决各类金融实际问题，因此学生若要透彻地掌握金融工程的知识结构，就需要对金融学的理论知识有较深的理解。如果学生对金融学的理论与实践知识理解不充分，在建立和解决数理模型时便可能无法把握金融问题的本质，那对金融工程专业课程的学习就如同无根之木、无源之水，难以从根本上掌握其学科精髓。此外，金融工程关于衍生产品定价及各种数据处理与分析的课程都要求学生有计算机编译能力，对于业界公认的计算机语言，如果学生不具备相应的编程能力，或者前期计算机课程教学内容过于浅显，将使学生在理论知识应用实践时遇到阻碍。

（二）课程设置与业界需求匹配度不高

与金融科技相关的课程在财经类高校基本上是作为选修课存在的，因此无形中使学生不重视学习这些知识。虽然计算金融类课程在一定程度上讲授了数据处理办法，但是计算机语言基础的不扎实也成为很多学生运用软件的障碍。同时，尽管各高校设置的课程很多，但是很多都是在今后工作中基本不会涉及的课程，这就使金融工程专业学生对上述知识的学习积极性不高，理解也不够深入，难以运用到实际工作中去，因此学校课程设置和学生专业知识能力需求不匹配。解决这些问题的关键在于，各个高校应该结合市场的需求，科学合理地及时设置金融工程专业课程，使金融工程专业人才培养能兼顾金融行业发展的当下与未来。

我国金融业正面临金融科技深入发展的冲击，传统金融模式被颠覆，新的金融业态和问题使金融工程面临新的机遇和挑战。随着金融科技和大数据技术的发展，业界需求不断向掌握大数据挖掘与分析、机器学习、区块链技术等金融科技知识的金融工程人才倾斜。特别地，全球公认的特许金融分析师（CFA）资格考试在2019年也增加了金融科技的考试内容，可见金融科技的发展已引起金融业界的高度重视。

国内高校金融工程专业大都偏向于开设培养学生金融基础、数理推导、统计分析等方面的能力培养的课程，而有关于大数据挖掘、区块链、人工智能等方面的课程几乎尚未涉及，而这些正是金融科技所需人才应该学习掌握的课程。此外，金融工程专业开设的专业选修课程过少，高校没有充足的灵活性来根据业界需求调整教学重点。这样，众多高校培养出的金融工程毕业生与金融工程业界当下和长远的需求都难以有效匹配，从而出现学生就业难、就业方向不对口及就业后上升空间受限等现象。

（三）课后指导性文献阅读安排较少

由于金融工程相关领域的发展速度较快，知识体系更新迅速，仅关注教材的内容势必难以跟上学科与业界发展前沿，因此一定质与量的文献阅读和相应指导是十分必要的。国内高校金融工程专业学生文献阅读量不足大致有两个原因：一是国内高校的专业课程教学几乎都采用“填鸭式”教学模式，只通过课堂给学生灌输教材的理论知识且缺乏高质量的课后练习，从而忽视对学生自主学习能力的培养。这样，便导致金融工程专业相关的课外学习活动安排较少，学生难以在课后学习和文献阅读中发现自身知识的薄弱点，因而缺乏动力与能力去查阅文献资料以提升自身的理解。二是相对于国外文献，国内有关金融工程的研究文献数量偏少、知识覆盖范围不全面、创新性不足，因而学生需要查找和学习外文文献来解决问题，而语言障碍是本科生在查阅外文文献资料时遇到的普遍问题，这也因此降低了学生查阅相关文献资料并阅读学习的兴趣与动力。

（四）课程设置不注重实践性

除了理论课程的内容丰富外，金融工程也是一门实践性很强的专业，其注重的是培养学生在今后工作和研究中综合运用多种理论与方法解决金融实际问题的能力，培养其成为复合型人才。因此，金融工程专业的课程体系应适当地设置一定比例的实践性课程。然而，国内高校金融工程专业设置的课程普遍以理论性课程为主，主要形式是在课堂上对学生进行知识的教学，相应的实践实验课程内容偏少甚至没有。高校设置的实践性课程过少，会让学生难以将自己所学的理论知识在实践操作中得到加深和巩固。只有让学生在不断实践中发现问题，将自己发现的问题带到课堂上去学习，才可以提高学生的学习效率，培养解决实际问题的能力。

三、金融工程专业课程体系优化建议措施

基于上述指导思想与原则，以课程建设为基础，通过课程结构的整合重组和系统优化，促进教学内容和课程体系的进一步拓展、完善，以及教学方法的进一步更新、改进，进而优化金融工程课程体系，培养出符合我国金融市场发展与金融风险管理需求的专业人才。具体而言，本文对金融工程专业课程体系优化提出以下几点建议措施：

（一）统筹规划专业课程结构，均衡设置专业课程

根据广泛性与针对性有序结合的原则，本文建议实行“各年级分目标设置课程模式”，即对于低年级的本科生进行一些通识课程以及专业基础课程（经济学类、数学类与计算机基础类课程）的教学。对于高年级的学生则根据各高校自身的学科优势和专业教学特点，科学均衡地开设包括选修课在内的专业课程。由此，进行高、低年级分目标课程模式可以明确各阶段的培养目标，在不同阶段采用不同的教学模式，并辅以难度和深度循序渐进的课程内容进行有“坡度”的教学，从而更好地帮助学生掌握金融工程的知识体系，提高学生的理论基础与实践应用能力。例如，财经类院校普遍开设较多偏金融理论与业务方面的专业课程，可在大二以后适当开设涉及金融随机分析、金融衍生品计算等培养学生数理推导能力和计算机软件编程能力的课程，并强化课程内容的难度，从而弥补财经类院校金融工程专业课程内容普遍“偏软”、复合型人才培养不够全面的不足。

（二）提高金融工程专业特色，增加专业实践课程内容

要实现金融学理论、数学基础、计算机能力的三者有机结合，培养出适应金融科技时代的高层次、复合型、国际化金融工程专业人才，必须注重专业特色教学在金融工程专业人才培养中的地位。因此，增加金融工程专业的特色教学课程内容，例如计算机语言编程和软件应用、金融中的数值计算、仿真模拟、统计计量分析等相关课程，是各高

校在专业课程体系设置时必须考虑和落实的。

此外，可以注意到近年来互联网技术和金融科技的深入应用促使金融大数据的产生。因此，只有注重大数据挖掘及金融科技的学习与应用，才能紧跟金融业态发展的潮流，满足解决金融新问题的需求，而这也将促进市场对金融工程人才数量需求的不断增加及人才质量要求的不断提高。因此在进行专业课程设置时，应鼓励实践教学多样化，适当提高实践性课程内容的比例。虽然很多高校在一定程度上注重对学生实践能力的培养，但开设的实践课程仍多偏向于传统金融学或投资学方向，与这些专业的实践课程设置几乎如出一辙。如此的课程设置并不符合当前业界对金融工程人才的需求，因而建议应在金融工程专业课与实训课程中增加数据分析类、编程类的课程内容与作业。例如，建议在金融工程学的理论课程中增加利用实际市场数据进行分析的实验作业，在粗 ATLAS 与金融计量学课程内容的基础上开设程序化交易实训课等。此外，拥有金融工程实验室的高校还应充分利用实验室资源，建立金融工程专业实训教学与实习的公共平台，通过加大实践训练力度，提高学生的适应能力、实践能力与创新能力。

（三）拓宽专业选修课范围，提高课程作业质量

优化金融工程课程体系，最主要的目标是使开设课程的内容适应金融行业对当下和未来人才素质的要求。在各高校对专业必修课学分逐步约束的实际背景下，一个较为有效的措施是扩充高质量的专业选修课内容。本文这里所讲的增设专业选修课并不是一味地增加选修课程的数量，而是通过增加师资力量的方式拓展学校开设专业选修课的知识范围，特别是增加大数据分析、区块链、人工智能等金融科技方面的系统知识。通过这种方式结合前面所提及的各年级分目标设置课程模式，在教学初期进行基础知识教育，在后期通过教师辅助学生选择专业选修课的方式对学生的培养方案进行“二次规划”。这样就可以从专业必修课与选修课两个方面，动态地促进金融工程专业课程体系培养出满足市场当下及未来需求的高水平专业人才。

同时专业选修课程也应在课程作业的质量、数量上保持较高的水平。认真地高质量地完成作业，对于学生真正理解和掌握所学内容、提高学习能力是非常必要和有用的，也是整个课程建设体系中重要的一个环节。金融工程专业学生，特别是财经类高校的学生，需要培养多动手练习与实践的习惯。对于金融工程专业的学生而言，动手实践能力的范畴包括推导演算、搜集数据、编程及写作等，多加实践才能够实现让学生从听懂变

为真正理解掌握所学的知识，成为市场发展所需的复合型金融人才。

四、结束语

目前我国高校金融工程专业的课程设置体系仍有诸多方面需要完善。针对金融工程多学科深入交叉融合的特征，本文在大数据挖掘与金融科技广泛应用于金融业的背景下，着重探讨高校如何优化金融工程专业课程体系以提高人才培养质量，并提出相应的具体建议和措施。这些建议和措施是在分析国内高校金融工程专业课程体系存在的不足，以及遵循本文总结的金融工程专业课程设置原则的基础上，对各相关专业课程长期教学经验及科研积累总结得出的，具有较强的指导性和可操作性。希望通过本文上述有益的探讨，使国内高校金融工程的专业课程体系设置得到实质性优化，在金融与现代科技、互联网快速融合的背景下，实现培养出符合金融市场当下及未来发展需求的高水平、复合型金融人才的目的。

参考文献

[1] 牛华伟，颜荣卿，李旭东. 金额科技背景下金融工程专业课程体系优化研究[J]. 金融教育研究，2019 (9)：75－78.

[2] 唐恩林，华小全. 科技金融视角下金融工程专业“四实一体”实践教学体系的构建 [J]. 淮南师范学院学报，2016 (4)：135－138.

[3] 史永东，陈日清. 财经院校金融工程本科专业课程设置研究田 [J]. 东北财经大学学报，2009 (4)：85－87.

[4] 邓华，谭理. 金融工程专业结构优化及课程设置探索田 [J]. 产业与科技论坛，2017，16 (4)：166－167.

[5] 于刚，张曼林. 大数据背景下金融工程专业创新人才培养研究田 [J]. 科教导刊，2018 (9)：47－48.

4 人工智能背景下金融工程专业的课程建设

尚朝阳　黄　鑫　浦江燕

摘要：本文从人工智能技术迅速应用在金融行业的背景出发，讨论了目前金融工程专业课程建设中存在的问题，并针对这些问题，提出新形势下金融工程专业人才培养的思路和措施。培育拥有人工智能和金融工程专业知识的复合型人才，是未来很长一段时间内金融工程专业本科教育的发展方向，以满足人工智能背景下金融行业的发展需求。

关键词：金融工程；课程建设；人工智能

"人工智能"概念于1956年在美国达特茅斯举办的学术会议上被提出，经过60多年的发展，人工智能的相关理论日渐成熟，在金融行业中的应用逐渐增多，例如智能投顾、智能客服、金融风险监控等。当人们对金融行业提出更高效率的需求的同时，也对金融行业的人才提出了更高要求。金融工程专业以数学、金融学和计算机技术为基础，以创造金融工具、设计金融产品、解决现实问题为目标。不同于传统的金融学专业，金融工程从业者需要有一定的数理基础、信息处理能力和计算分析能力。然而，当前财经类本科院校金融工程专业人才的培养大部分还停留在理论知识层面上，忽视了学生动手能力的培养，就业的渠道仍然以传统的银行柜员、证券客服等基础性岗位为主。人工智能技术在金融行业的应用凸显了数学、计算机知识对金融从业人员的重要性。因此，如何建设新时势下的金融工程专业课程，培育拥有人工智能和金融工程专业知识的复合型人才是当下财经类本科院校值得探讨的问题。

一、课程建设的现状分析

目前，金融工程专业课程种类繁多且以理论分析为主，与金融工程专业相关的实验课程还比较少。在当今人工智能技术不断创新的背景下，实验课程在学生所学课程中的占比较低且已经难以跟上时代的步伐。对于金融工程专业的课程建设，可以有针对性地设计培养方案，明确培养目标，删除一些“用处不大”的课程，让学生有更多的时间可以自由思考问题并做深入的研究。同时，考虑增加实验课程，实验课程的开设应在学生修完先期需要掌握的理论课程之后，通过实验课程让学生理论联系实践，激发学生的学习兴趣，增强动手应用能力。事实上，理论课程的学习对学生在后期的实验课程中的突破至关重要。最近，国内多所重点高校针对基础学科发布了“强基计划”，旨在培养基础理论扎实、知识面宽、受过严格训练、科研能力强、适应能力强、应用能力强的高端人才。基础学科教育得到空前重视。

对于基础学科偏弱的财经类本科院校，首先，我们应该加强低年级学生在数学和计算机学科相关知识的训练，数学不仅仅是数与形的学科，也是与大自然对话的语言，人类历史上的重大发现都离不开数学。同时，计算机是处理人和机器对话的语言，在工程技术中扮演了重要的角色，是理论成果转化到实践应用必备的工具之一。其次，强化师资力量，布局基础与应用齐全的学科，形成一支以优秀教授为学科带头人，青年高层次人才为学术骨干的教学科研团队。最后，在培养方面，以学生为中心，由资深教授担任本科生导师，进行生活和学术方向指导并着重突出个性化、精细化培养。让学生在毕业时既可以走理论研究的学术道路，又可以结合金融行业的需要走一条符合实际应用需求的金融工程从业道路。

二、课程教学中一些问题

金融工程是金融科学的工程化，是从抽象理论走向实践应用，针对实际情况解决实际问题的应用型学科。金融工程的主要作用是要根据市场需求的变化，借助现代工程管理的思维和方法，为各种金融问题提供解决方案，满足市场的金融需求。然而，由于受传统教学模式的影响，相比欧美高校普遍使用案例教学和实验教学，国内多数高校对金融工程课程教学过程中的实践性部分重视不够。此外，由于我国金融市场起步晚，衍生品市场发展不够完善，金融工程的相关案例较少。因此，国内授课案例通常来自外文文献，这些案例不仅时间滞后较久，而且与我国金融市场的实际情况也十分不符。目前，尽管金融工程课程在我国财经类本科院校已开始开设了一段时间，但由于实践的缺失，不少案例教学流于形式，学生在学习过程中很难有深刻的认识。

与此同时，课程的教学目标不够明确，课堂上讨论的问题过于宽泛，教学内容脱离实际。有的教材是长篇的文字叙述，有的教材则是大量的公式推导，这些教材与中国的证券市场的实际情况严重脱节。如果教师依照教材照本宣科，那么金融工程这门课程很难达到预期的教学效果。一方面，学科交叉不够深入，由于数学、计算机等课程是公共基础课，授课的内容侧重于学科本身，没能与金融知识、金融问题相联系或是联系得很少。另一方面，金融学相关课程的授课内容往往规避模型的推导和程序的编写等过程，使得学生修完这门课程后很难有知识和技能沉淀下来。分析其中原因，还是学科交叉不平衡，没有协调运作，既懂金融又懂工程的优秀教师太少。

三、校企合作的必要性

高校的主要功能是向社会输出人才，金融工程专业的培养目标是向金融行业输送高层次的复合型人才。通过上述教学改革中的问题分析，可以看出以社会需求为导向展开校企合作十分有必要，这不仅有利于高校创新实践活动目标的明确，也有利于创新实践教学体系的建立健全。在人工智能技术的广泛应用背景下，银行、保险、证券公司等金融企业目前已经从国外引进或正在自主研发诸如程序化交易等智能交易软件，未来金融行业的发展需要交叉学科背景的复合型人才。通过高校和校外金融企事业单位的战略合作和联合培养，学生可以到校外的金融机构学习，修得学分，同时提高自身的金融业务素养和实践创新能力。此外，高校的金融工程实验室也可以承接校外企业的相关业务。现实生活中的金融问题往往会涉及不同学科，跨学科合作已经成为当前新兴的科研生产方式，跨学科合作不仅能解决复杂的现实问题，而且有利于知识创新。国际的科研经验已经表明，跨学科边界的研究往往是知识的新增长点，而且产生的往往是颠覆性知识。借助产学研跨学科合作项目，不同学科教师与金融企事业单位紧密合作，有利于解决重大复杂问题。加强与校外金融企事业单位在技术服务和科研等方面的合作，有利于实现共同进步，达到双赢的局面。

四、对策建议

针对上述问题，笔者根据自身的教学经验，提出相应的对策或建议。一是制订学习目标，要考虑培养什么样的学生，本科四年毕业后需要掌握哪些知识、哪些技能，与其他高校的本科毕业生有哪些不同之处。二是教材体系的架构，要组织专家进行论证，参考欧美的经典教材，编撰符合中国国情、紧跟时代步伐的教材和案例。三是由数学或计算机专业的复合型教师授课，给低年级本科生开设高等数学、概率论和计算机等基础课程，提高学生的理论分析水平。对高年级本科生适当开设矩阵论、应用统计、金融时间序列分析以及 Matlab、Python 等编程类软件课程，通过采集相关的金融数据，利用软件编程，对金融现象进行实证分析，提高学生解决实际问题的能力。最后，加强师资力量，加大实验室的建设投入，增强校企之间的合作，联合培养金融创新人才，希望这些措施能够促进金融工程学科的发展和金融行业的发展。

参考文献

[1] 邢钰．人工智能背景下对金融工程专业实验教学的思考［J］．教育现代化，2017，4（33）：138－140.

[2] 李志斌，张维．《金融工程》本科教学的问题与思考［J］．金融教学与研究，2014（2）：72－75.

[3] 潘群星．金融工程教学中存在的问题及其对策建议——基于问卷调查［J］．金融经济，2018（24）：102－103.

[4] 郭君默．金融工程课程教学中存在的问题及对策［J］．金融教育研究，2016，29（4）：69－73.

[5] 陈霞玲，张虎．产学研合作推动学术发展的实践研究产学研合作——以清华大学为例［J］．中国高校科技，2020（4）：7－10.

[6] 何永．以社会需求为导向的大学生创新实践能力的培养方式和途径的研究［J］．中国教育学刊，2015（S2）：219－220.

5　机器学习算法驱动下的金融人才培养和教育改革

陈曦明　秦智翔

摘要：随着金融与科技的融合，新技术催生新型商业模式，金融机构的变革应运而生，对金融人才的需求也随之发生变化，应用型本科教育的模式和培养学生的目标也需与时俱进。本文从金融行业人才发展趋势和教学改革两方面，探讨机器学习算法给传统金融从业者带来的冲击，同时，针对金融人才培养提出改革建议和方向。

关键词：机器学习算法；金融人才；教育改革

一、金融行业人才发展趋势

（一）对复合型人才的需求持续增加

工作方法、薪酬激励措施和办公场所的改变，推进金融行业文化的转变，如：更关注员工的发展计划，技术的发展使工作环境破除地域壁垒，金融行业的商业、运营和投资模式等随之发生变化，此外量化宽松等低利率宏观环境因素影响金融行业的未来发展趋势。截至 2018 年，根据《中国劳动统计年鉴》数据，我国金融从业人员的年龄 65% 及以上为 45 岁以下的中青年，并存在年轻化趋势，且学历水平有所提高。目前，技术的进步导致金融机构对从业人员专业技能的需求有所改变，金融科技已威胁到传统金融机构专业人士的职位，如《上海财经大学金融圈校友职涯发展调研白皮书》（2018）即指出：大数据与金融科技催生的“金融 + 计算机”的复合型人才需求将出现大量缺口。目前，金融行业的从业门槛逐年提高，其中，信托、证券、基金公司、金控集团和监管机构、社保基金、人民银行等均需要硕士研究生作为入职门槛，应用型本科毕业生若选择进入金融行业工作，则倾向于进入商业银行。商业银行等传统金融机构致力于推进业务可持续发展，因而对复合型人才的需求也有所增加，同时，它们还通过各类奖励办法，提升机构内持有各类金融执照的员工人数。

（二）全民金融普及教育对应用型本科毕业生的冲击

美联储、英国金融管理局均提出将金融普及教育提升至国家战略层面，我国目前也对金融普及教育有所关注，意在发挥保护家庭金融资产和维护社会稳定方面的重要作用。随着我国金融市场的开放以及互联网技术的普及，民众参与金融活动，在推动经济发展的同时，带来了更多的不确定性。民众的金融知识水平提升，则对金融从业人员的专业水平要求更高，对普通高校的学生带来就业冲击。我国金融市场起步较晚，国内金融市场对人才的需求仍有较大空间，我国金融市场充斥着金融知识“小白”，而高端金融人才尚且不足，人才分化现象严重，特别是对于应届本科毕业生而言，入行即成为高薪金融人才难度较大。因而学校在金融教学和课程设置方面应帮助学生更好地融入金融行业，因而，金融人才培养不应停留在理论阶段，人工智能技术的应用，给金融业带来深刻的变化，因而培养金融应用型人才的高等院校应当顺技术发展之势而大力改革金融人才培养模式，在课程专业设置、教材选择、师资队伍建设、教学内容和教学手段等方面做出相应的调整。需要明晰“学以致用”的金融教学理念和方法，更新传统的授课模式，引入更多的实践课程，为本科毕业生就业提供帮助。

（三）机器学习算法在金融领域的应用

机器学习的初级算法并不神秘，甚至很多是大学低年级的数学和统计课程涉及的相关知识。这些知识在数据科学领域应用较广，而其常规应用包括选址（如快递驿站、ATM 机位置、银行网点等），算法交易（如投资组合构建等），力图解决信息不对称问题的贷前管理和风险控制，以及应用最广泛的“AI + HI”（人工智能与人类智能）相结合的智能投顾领域等。

二、金融教学改革

（一）培养学生的专业技能及创新型思维

大数据、人工智能和区块链等炫目的新技术驱动金融人才培养和教育教学改革。师生面对面的传统课堂，可以对知识重难点进行更深入的讲解、考核和真实投资场景的模拟甚至实操，或将大部分课堂“交给学生”。而线上线下教学相结合的方式虽然短期之内增加了教师和学生的任务量，但是由于知识点可以反复学习等原因，对教学成果还是会有较大提升。但由于现阶段本科课程设置较偏重经典经济学和金融学理论，常常滞后于行业需求，因而与企业的实际应用存在一定差距。同时，金融相关专业的校企合作项目匮乏，造成大学生在求学期间较难理解企业实际业务的运行模式。

（二）金融人才的培养模式创新

1. 依托技术形成“混合”教学的教育模式创新

首先，进行实践课程试点，如在现有 Excel 应用相关课程的基础上，开设 Python 应用于金融领域等实践的选修课程，此类课程的学习可以帮助学生在寻找工作、未来进行研究工作及留学申请方面有更多的选择；其次，在课程建设试点的基础上，选拔有能力且感兴趣的学生进行专业试点；最后，基于实验班开设的成功经验，形成具有特色的专业建设。

值得注意的是，应引导大学生较早进行职业规划，因为技术类课程需要耗费较多时间精力，若设置过多技术类必修课，则需要学生花费大量时间才能掌握相关知识，而对于未来并不想从事量化交易或中后台风控等需要较高计算机技术的学生，则占用其有限学习时间的意义有限，因而本文建议在招生阶段即进行区分，并设置换专业的时间窗口。

2. 引导学生养成终身学习的意识

大学毕业并不意味着学习终止，大学阶段是自主学习的初步尝试，终身学习将从大学毕业时开始。目前，随着我国经济增速放缓，应届毕业生就业压力巨大，而社会压力又进一步加大了青年人的心理健康负担。教师需要引导学生正确认识就业压力，并化压力为动力。工业革命之后，部分传统工作被新技术替代，社会周期性地产生“科技替代人工”的焦虑，新技术又催生出新的行业和就业机会，其实无需过分担心技术更迭给劳动力市场带来的摩擦。然而大学应届毕业生往往将就业压力转嫁至各类培训机构，而培训机构常常偷换概念，将学习与上网课等同起来，贩卖焦虑。终身学习与不停地参与网络课程完全不同，培训机构不能替代大学教育，大学应培养学生学习的自主性，而非迷茫时期用金钱换取证书。随着科技的进步，金融从业人员的在职学习时间将延长，学校要尽早辅助学生进行职业规划，并引导学生养成自主学习的习惯。鼓励致力于从事金融行业的人才学习金融高端人才需要具备的技能。

3. 为毕业校友提供继续学习的机会

人才培养是应用型本科教育的重点，母校仍是毕业生的思想归属，因而应用型金融本科高校应当为有学习诉求的毕业学生提供学习机会，如金融证书培训、软件应用培训（MATLAB、STATA、Excel、Tableau 和 Python 等）等，大力开展在职教育，值得注意的是，在职教育在我国高校中占比较低，因而应当进一步扩大在职教育招生，为高校的发展提供支持的同时，也给毕业生校友提供更多接受教育培训的机会。

6　人工智能发展趋势下金融人才培养

贾德铮

摘要：人工智能技术的快速发展极大地改变了金融业务的发展模式和营利体系，对金融人才的培养提出更高要求，更强调金融素质和科技技能的融会贯通，对本科金融教育提出巨大的挑战。金融人才本科教育始终需要不断调整培养目标以适应市场需求，遵从金融科技发展方向，打牢人才培养基础，提升人才市场竞争力。金融教育本科院校需要不断调整、优化课程体系，淘汰过时课程和教材，提升教学强度和知识密集程度，提高学生的专业水平，提升其市场竞争力。

关键词：人工智能；金融人才培养；课程体系重构

一、引言

以人类为标杆，人工智能的发展目标是使机器具备人类的实践能力、理性思维能力和感性思维能力，从而使机器取代人类从事人类所从事的工作，“robot（机器人）”这一单词最初的意思就是指“苦力”，人类之所以要发明机器人甚至人工智能，本质上就是要取代人的劳动，把人从繁重的劳动中解放出来，提高社会生产效率，使人类生活更加富足和高效。

人工智能包括数据驱动决策、算法建模、数据科学与工程、数字化协同等，这些领域将会逐渐成为金融业以及金融机构的核心竞争力。以人工智能为代表的金融科技技术提高了金融机构的运营效用，把大量传统业务智能化、系统化，将原先的线下业务搬到线上，并实现了很多从前不可能完成的业务，极大地改变了当前金融业的业务模式，从目前的人工智能的研究和应用进展来看，人工智能已经渗透到金融机构的诸多业务线，这种渗透性随着研发的进展将会持续增强，对金融人才也提出了更多的要求。

人才是金融业竞争力的核心，人工智能将会极大地改变金融业，对金融业人才的素质和能力提出更高要求，并极大地改变金融人才的培养模式。金融人才的培育是一个系统性的问题，传统的金融人才培养注重理论性和实践性，强调金融人才的数学基础、产品定价能力和产品创新能力，同时强调金融人才的实战能力，但是往往忽视金融人才的技术性诉求。

在本科阶段的金融人才培养过程中，往往由于年限较短，难以全面地对学生进行系统性的教育和培训，往往强调理论忽视实践，或者强调实践忽视理论学习，在短短的四年中金融理论和金融实践都难以平衡，更不用说额外地增加学生对人工智能等科技的了解。更多的情况下是寄希望于学生未来的进一步深造，如继续攻读研究生，在研究生学业中可以继续进行计算机和新技术以及更高级别金融理论的学习。本研究结合人工智能技术的发展趋势，探讨人工智能发展背景下，本科金融人才的培育策略。

二、人工智能的发展趋势

人工智能的终极目标决定了人工智能长期的发展趋势。未来人工智能将获得巨大发展，是增长潜力最大的产业之一。对比目前人类所具备的理性、感性和实践能力，人工智能理性运算上已经超越人类，但是其感性能力还不及一岁儿童，运动能力达不到三岁儿童的水平，当前阶段的人工智能更多的是集中利用一定的算力、算法模拟人脑的理性运算能力，并借助语音技术、视频技术，将语言、文字、图像作为信息输入端，通过大量运算输出一定的信息反馈，实现智能型的服务功能。结合人工智能的研发目标，本研究认为当前阶段人工智能主要有以下若干发展趋势。

首先，算法和算力将会大幅提升，人工智能的应用将会逐渐向更高算力和算法的领域靠近，智能投研、智能投顾等目前只能作为辅助性的人工智能将成为未来一段时间的研究热点。从目前情况来看，比较成熟的人工智能应用主要集中在智能客服、智能身份认证、智能征信、个性化推荐和营销、基于图片的车险定损、自动化高频交易平台、预测性坏账风控等领域，这是人工智能在金融领域应用的第一阶段。随着人工智能的发展，理财产品辅助设计、智能投顾、保险产品辅助设计和定价、反欺诈风控、高频交易中的智能交易策略制定、自动化舆情分析、智能风控等目前已经初步应用的技术将会获得进一步的发展和完善，如图 6 - 1 所示。

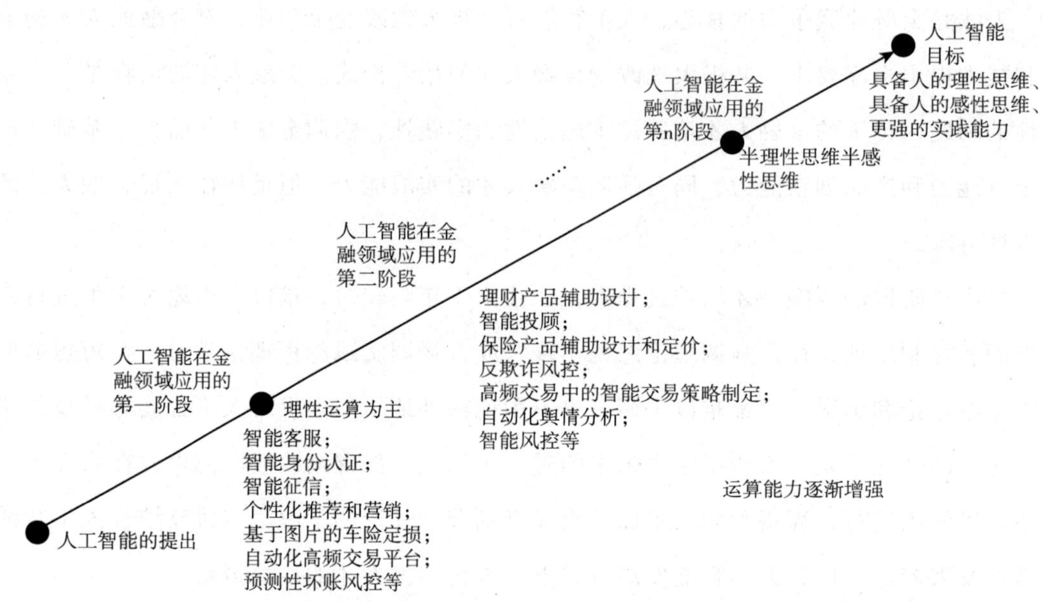

图 6－1　人工智能在金融领域应用的不断拓展

其次，人工智能将逐渐具备人类的感性分析能力。依据机械唯物主义的逻辑，人的感性是人类情感的自然流露，是人类大脑经过外界刺激后产生的反应，因此，产生人类情感至少需要两个要素或条件。第一，需要一个强大的处理外部信息的中枢，对于人类来说，这一中枢就是人类的大脑，对于人工智能而言就是强大的算法和算力，而目前的算法和算力还难以达到完全模拟人脑的程度，还需要一个较长的时间才有可能获得突破。第二，需要对外界信息的反复学习，人的性格依据人的经历、学习而不断完善，对人类来说，从一出生就开始不断地获取外界信息，时时刻刻处处在与外界接触，在点点滴滴中获取外界的信息。对于 AI（人工智能）来说，想要获得类似人类的感性，也需要大量的学习和外界信息输入，目前机器学习技术已经可以使机器不断地进行信息获取并改进其学习能力，但是其获取的信息大多是离散型的，信息量远不及人类的连续型，依然难以形成自身的个性和特色。

依据摩尔定律，计算机的运算能力将以几何级数增长，计算机的算力和算法将会大幅提升，一旦计算机能够达到足够的算力，借助更强的模拟人脑的算法，完全可以模拟出人的感性，但是需要多少算力才能全部复制出人类的情感，这是一个未知数，更是一个漫长的过程。可以确定的一点是随着算力和算法的不断进步，AI 将会具有越来越多的类似感性意识的理型思维，并最终演化出类似人类的感性意识。

再次，AI 的运动能力将会有较大的提高。目前大多数人工智能是以计算机系统为核心的，系统与机器的结合体即智能机器人的功能相对有限，大多数机器人或是可以进行简单的机械运动（如扫地机器人），或是根本无法行动（如大多数人形机器人基本无法行动）。因此，当前市面上机器人的应用大多集中于工业生产、仓储运输等劳动密集型行业，人形机器人相对较少，其机器性多于人性，而人性大多集中于机器人的计算系统，计算系统大多以理性分析能力为重点。随着机械工业的不断进步，以及能源技术的不断发展，机器人的结构将会更加科学，其运行使用的电能来源也将更加持久，系统与机器的结合将会更加紧密和高效，人形机器人的行动能力将会逐渐提高。

最后，信息输入端等辅助技术的发展在一段时间内将引领人工智能的进步方向。目前流行的视频技术、语言和语音识别技术、大数据技术在人工智能的发展过程中起到巨大的作用，其本质上属于人工智能的信息输入端，是将外部信息转化为人工智能可以识别的语言和算法，从而进行信息输入。但是目前该领域的应用研究也在不断突破，人脸识别、语音识别、语言转换等应用都获得了巨大的推广，在算力、算法既定的条件下，该领域的研发和应用将会进一步发展，目前基于深度学习的人工智能的认知能力将达到人类专家顾问级别，认知银行、认知保险的时代即将来临。

三、人工智能在金融业的应用

从目前的人工智能的研究和应用进展来看，人工智能已经逐渐渗透到金融机构的各个领域，以及各个业务线，这种渗透性随着研发的进展将会持续增强，最终改变金融业的模式和格局，认知金融的时代即将来临。

（一）智能+信贷

信贷业务可以分为贷前、贷中、贷后。人工智能在信贷业务中，贷前可以智能获客，识别客户是否有需求；智能反欺诈，识别客户是否是骗贷欺诈团伙；智能信审，审核贷款对象的偿还能力，最终达到智能授信的效果。在贷中环节，类似保险业的应用，采用人工智能进行资料认证和身份认证可以大幅减少贷款审批时间，并减少“骗贷”“人情贷”的情况。贷后环节，信贷机构将持续监控贷款人或企业的资金健康状况，避免不良贷款的产生，此外，在催收环节，人工智能也已经开始运用。

人工智能在银行业最主要的用途就是授信。传统的信用评分模型，主要使用结构化数据，人工智能可使用非结构化数据来捕捉借款人的信用，评估消费者行为和支付意愿等定性因素，使筛选借款人的速度更快、成本更低。美国常规的征信系统覆盖85%的人口，美国信贷领域对人工智能需求不高。中国真正有借贷记录的人数只有1亿，人工智能授信在中国有着巨大的蓝海。目前，利用大数据，百度旗下的度小满金融已经积累了超过3亿可授信的用户。

在传统贷款审核环节中，除了对纸质资料的审核，审核人员还要对贷款者的还款意愿进行判断，人工智能识别面部微表情，判断贷款者是否撒谎。如平安集团旗下的智能微表情面审辅助系统，微表情欺诈识别准确率达到80%，有效减少"骗贷"行为。据平安集团资料显示，目前AI技术的运用可使贷款申请流程简化60%以上，极大地提升了业务效率，例如小额贷款申请耗时由几天缩短至3~5分钟。

人工智能在催收环节主要在智能报表、智能外呼和智能质检三个用途上有较成熟的运用，在催收策略设置上目前还有较大缺陷。智能外呼分为两种，一种是提前录制多轮对话，根据问题给出回答；另一种可以进行实时语音回复。表6-1给出了人工智能外呼和人工外呼的对比，综合坏账率与成本，人工智能催收是否更划算值得探究。

表6-1　　人工智能外呼和人工外呼的对比

外呼方式	收费标准（元/通）	降低坏账率
人工智能	0.25~0.8	约13%
纯人工	2	约12%

语音质检是对催收员录音内容进行检查，检查是否存在辱骂、威胁、业务表述不清晰等情况。传统的质检方式，是从催收录音库抽样，质检员人工检测，而利用人工智能，可以快速检测全部催收录音。通过语音转文字的方式，先转化成文本，进而进行自动化的关键词信息检索，找寻不符合标准的催收通话，仅从语音质检上看，理论上人工智能可以大幅降低成本。

（二）智能银行

本文对智能银行的定义是线下无人银行和线上智能银行的总称，都是利用人工智能技术使得银行有关业务效率提高，有效减少人力损耗。

在线下无人银行，利用图像识别、语音识别等技术，90%以上的传统网点业务客户可以自助完成。如建行的首个无人银行，大堂经理由智能服务机器人担任，通过自然语音与到店客户进行交流互动，引导客户进入不同服务区域完成所需交易。客户的资料审核全部由 AI 完成，全程无人工操作。

在线上智能银行，客户同样在智能助理的帮助下，通过语音“一键”直达服务。此外，通过用户画像，智能助理可以对用户进行“千人千面”的产品推荐，实现智能营销。

（三）智能风控

在金融领域，无论是证券业、保险业或银行业，每一笔交易的发生，都会伴随着风险，会有金融欺诈、金融犯罪的可能。利用大数据，人工智能可以识别这些风险。每秒发生在支付宝的交易多达 25.6 万笔，蚂蚁金服的“蚁盾”和“AlphaRisk”风控系统是每笔交易顺利进行的保障。目前，整个风控体系能够处理的行为事件有 20 亿，能有效识别欺诈、虚假交易、洗钱等行为，并且能在 100 毫秒内给出决策。在其风控体系下，支付宝的资损率不到百万分之零点五，仅为国外先进第三方支付公司的 1/200，处于行业的绝对领先水平。

类似的企业还有京东金融、Datavisor。京东金融积累 5000 万以上的黑灰风险名单；协助警方打击网络黑产，避免用户损失上亿元；智能反欺诈体系累计拦截欺诈行为数百万次，避免潜在损失数十亿元。成立短短几年，DataVisor 就得到大量用户认可，用户事件分析总量超过 6000 亿，保护用户数量超过 30 亿，已检测危险用户数量超过 1 亿 3000 万。

四、金融人才培养定位

人工智能的发展趋势，以及与金融业务的融合发展极大地改变了金融人才的需求结构，对金融人才的要求越来越高，倒逼金融人才培养模式不断开拓创新。随着人工智能、大数据、物联网等技术的不断进步，金融科技涉及的金融业务越来越多，大大提升了金融业效率。同时，也对金融机构从业人员的素质要求更高，与之相对应的是低技能金融机构从业人员将逐渐被淘汰。金融人才必须具备更高的专业素质和更强的专业技能，本科阶段对金融人才的培育定位应该更加注重人才的“技术型和理论型”，培养科技能力与金融能力高度融合的复合型人才。

未来的金融业是金融服务与科技的结合，金融人才需要具备较强的科技知识。随着人工智能技术的发展，人工智能技术将会不断替代人的理性思考能力，并局部实现人类的感性思考能力。因此，传统的、以逻辑思维为主的金融科技产业将不具备发展潜力，而以感性思维为主的人工智能技术将会更多地与金融结合。在未来一段时间内，智能投研、智能投顾有可能颠覆传统的金融业，尤其是基金业的盈利模式，基金业之间的竞争可能再也不是策略、信息之间的竞争，而是算法和算力之间的竞争，算法和算力更先进的人工智能将在一段时间内获得大多数的市场收益。因此，本科阶段在人才培养上应更加注重对未来人才计算机技术和能力的培养。尤其在当前阶段，全球已经进入智能时代，美国、日本等西方发达国家已经采取中小学生普及计算机编程教育的国民计划，这无疑突出了编程技术对未来经济社会的影响，编程在未来可能成为像开车一样的基本技能。

金融基本技能是未来金融人才培养的又一个重要方面。计算机技术是金融人才必须基本的基本工具，金融业的本质与核心依然是资金的融通，这就需要金融从业人员具备较好的金融理论素养，深刻领会资金融通的含义。金融人才在金融行业能否做深做实主要取决于自身的基本金融素养和社会人脉资源，而人脉资源也更多地来源于自身的金融素养，有了良好的金融素养，才有更多的机会与对手方交流金融业务，才能获得更多的金融专业知识和金融专业信息，在市场有效的金融宏观背景下，获得更好的超额收益。因此，金融基础知识、基本技能、理论模型都是金融人才必不可少的基本素养。

五、适应新形势金融人才培养的对策

对于本科教学来说，四年的时间非常有限，很难将入校新生培养成金融专业素质高、金融科技能力强的复合型金融人才。但是，根据以上对人工智能的分析，可以结合人工智能的发展趋势，培养符合市场趋势的金融人才。

首先，提高金融专业本科学生的学习强度。一般而言，提高学习强度的模式有两种，一个是增加学生的学习时间，另一个是提高单位时间的学习强度，其中第二种模式是较好的选择，常用的做法是提高教材的难度。金融和财经学科有大量的优秀教材，其中有初级、中级和高级之分，可以采用中级或高级教材作为课程的核心教材，如用投资学替代金融学，用数学分析取代高等数学，用中、高级的微观经济学取代经济学原理，用计量经济学代替统计学原理，将课程体系推向中高级水平。

其次，重构金融专业本科课程体系。将一些与其他高级课程重合度较高的课程拿出课程体系，如金融市场学等，尽可能保留与数学高度相关的金融学课程，淘汰知识体系薄弱的课程，避免只讲概念的课程。千万不能低估学生的意志力和自学能力，更不能低估学生的求知欲。在课程水平高级化的过程中，一定会出现学生、教师压力过大的情况，可以专门组织课程研发，进行授课技术交流等活动，增加学生与老师的互动，提高授课质量。

再次，突出银行业实务课程。银行、证券、保险是金融业的核心行业，尤其是银行业规模庞大，业务种类繁多，而以往的金融理论教学更多强调证券、股票等知识，对银行业务的介绍相对较少，基本停留在商业银行经营学、商业银行信用管理等课程。这类课程教学存在明显的不足，这主要是由于商业银行业务过于庞杂，条线较多，难以系统性介绍，同时也是由于大多数授课教师并未从事过银行业务，本身也难以获得与银行有关的丰富知识。在未来的课程设计过程中可以抓住人工智能与银行业融合的要点，以银行风险控制、合规管理、反洗钱监管等法律法规为立足点，开设相关课程，至少在法律层面使学生熟悉商业银行业务、管理的宏观框架。

最后，高度重视学生的计算机水平。当前人工智能、大数据等金融科技技术越来越多地用于智能投顾、智能理财等领域，学习掌握相关的软硬件技术已成为当务之急。金融专业由于牵涉到较多的数学知识，本身难度就比较高，同时，计算机软件编程等知识也需要学习者花费大量的时间，如何在两者之间平衡，是大多数金融专业课程设计的难点。可以在金融专业课早期，如大一、大二时期加强对金融基础知识和统计知识培养，并逐渐引入高级计量经济学初级版，即用线性代数模式表达计量经济学原理，随后设置 matlab 等统计软件的实验课程，将投资学、计量经济学等课程知识实际操作起来，随后引入 Python 等流行的编程软件，实现学生对软件编程、大数据计算知识的入门。尽管大多数 IT 从业人员认为 Python 是难以替代 C ++ 、JAVA 等编程工具的，但是作为金融专业同学，编程和大数据计算可能仅仅是工具，能熟练掌握 Python 已经足够应付日常工作。此外，Python 具有易学易用的优势，做图功能强大，能够有效提高学生的学习效率。一般来看，Python 入门需要 3 个月的时间，因此可以在大三上学期开设 Python 入门课程，同时开设计算机其他选修课程，并不断增加 Python 编程等课程，使学生在大四上学期较好地掌握 Python 技术。

7　金融科技背景下地方高校理财人才创新能力培养路径研究

张珺涵

摘要： 金融科技的发展促进了理财业务的转型升级，新型理财业务需要复合型、应用型创新人才的支持。地方高校应发挥在此类人才培养上的比较优势，立足新型理财人才创新能力特点，从明晰创新人才培养定位、确定特色办学方向、创新教学方式方法、提升实践教学水平、打造高水平理财专业教师队伍几个方面，增强学生的创新意识、夯实知识基础、提升其自主学习能力和创新成果商业化能力，占领新型理财人才培养的高地。

引　言

金融科技的发展将余额宝、微信钱包、百度理财等理财产品带入居民的日常生活，居民的理财需求日益增强。金融科技虽然没有改变理财的本质，但改变了传统理财服务的商业模式，推动着理财业务的转型升级，成为理财业务稳健发展的新动能。随着规范市场的资管新规、理财办法等一系列理财监管政策的出台，未来理财业务面临转型与发展的重大契机。

而金融科技的发展，使理财领域仅靠记忆和练习就可以掌握的知识和技能的价值降低，传统意义上的理财专业人才需求下降。相对地，对具有互联网思维，既懂理财又懂技术且能够另辟蹊径对现有理财模式、产品、服务进行创新的复合型、应用型创新人才的需求上升。这种新型的理财人才以突出的创新能力为特点，具备较强的实践能力。

创新人才需要创新教育的培养。一方面，地方高校在培养新型理财人才方面具有先天优势。作为培养应用型人才的地方高校，与传统本科大学相比，实践功能更强，与职业技术学校相比，创新应用功能更强。而金融科技的发展带来的复合型、应用型创新人才的需求符合地方高校的人才培养定位。另一方面，目前国内高校对理财展开的教育有限，很多还局限在相关职业资格考试的培训、在传统金融专业中开设相关理财课程等，虽然有不少高职高专院校设置了相关理财专业，但培养的是专科层次的技术型理财人才，理财方向的本科教育寥寥无几。地方高校应结合自身在应用型理财人才培养方面的办学优势，及时转型，培养学生的创新能力，占领新型理财人才培养的高地。

一、金融科技背景下理财人才创新能力内涵

中国工程院院士沈德忠提出，创新型人才需具备强烈的创新意识，扎实广泛的基础科学知识，勤于思考、善于实践的能力，以及顽强的精神。朱晓妹等通过对人才的创新能力内涵的研究，将创新能力的内涵界定分为三类，其中一类强调创新精神、创新能力和创新成果的统一。本文认为，理财人才的创新能力，以创新意识为起点，以扎实的知识为基础，以自主学习能力为重点，以实践为归属，是四者的统一。

（一）起点：关注前沿动态，具备敏锐创新意识

金融科技的发展，将变革理财业务的模式、产品和服务，这要求从业者有很强的创新意识。一是要时刻关注经济发展趋势、经济政策的重大调整，具有把握和理解当前经济政策的能力和敏锐性，把握理财发展方向。二是要时刻关注业态发展的新趋势，保持不断学习的心态，要不断打破传统思维，不断寻求突破，思考创新性服务及产品的推出。

（二）基础：掌握复合知识，具备扎实创新基础

金融科技是新技术与金融的深度融合，具有典型的交叉学科的特点。金融科技的发展带来理财人才需求的复合型转变，理财人才除了掌握传统意义上包括税务、金融、保险、信托、外汇、会计、法律、外语等专业知识外，还需要了解和掌握区块链、大数据、云计算、人工智能等信息技术领域的知识，更需要了解和掌握金融和技术融合以后所产生的新理财模式、产品和服务所带来的新知识，广博的相关知识是创新的源泉。

（三）重点：勤于思考，具备自主学习能力

随着金融科技的飞速发展，理财领域的新知识不断涌现，理财人才只靠原始的知识积累和阶段性的学习已经不能满足人才需求，这就要求理财人才具有较强的自主学习能力。同时一些新的理财产品如智能投顾的出现，使得原先定量化的工作被机器取代，但是定性的工作还是需要由理财人才来完成，如监管变革以及突发事件处理等。应对这些问题，需要深度思考和自主学习及运用能力。

（四）归属：善于实践，具备创新成果商业化能力

创新的实现是以创新成果的转化为标志的。理财作为一个非常贴近市场的专业，要求其理财人才具有很强的实践能力，能真正把创新成果落到实处。一是要具有团队合作能力和动手能力。创新的产生往往不是个人单打独斗而是团队协作的成果，团队成员的分工协作能有效激发个人的创新力，理财人才应了解和掌握团队协作的基本技能和模式。二是善于管理客户关系。随着金融科技的发展，客户在不同理财机构之间获取理财服务的转换成本变低，提供理财服务的机构呈现出同质化竞争的特点，传统的以销售为中心的理财服务无法走远，理财人才必须具备互联网思维，以客户为中心，具有丰富的沟通技巧和客户管理能力，为客户提供长期价值的理财服务。

二、地方高校理财人才创新能力培养存在的问题及原因

金融科技的发展对理财人才的创新能力提出了更高的要求，对人才培养模式也提出了新的思考，而目前地方高校在理财人才创新能力的培养方面，还存在着诸多问题。

（一）人才培养目标不清晰，学生创新意识不强

一方面，理财专业对知识的要求非常广泛，要安排在短短四年的学习中，难度可想而知，同时也容易造成面面俱到但不够精尖，忽略了学生创新意识的培养。另一方面，目前很多地方高校理财专业对人才的培养大部分还停留在理论层面，缺少必要的市场调研和需求分析，这也会影响到学生与金融科技发展相适应的创新意识的培养。

（二）教学内容单一，未能为学生打下复合知识基础

目前全国设置了理财专业的地方高校，大部分仍然以传统型的投资理财课程设置为主干课程，少数兼修新形势下的创新课程，有的甚至是在原有金融类专业的基础上加了一些理财课程，也相对不注重与其他学科如计算机编程、大数据分析、市场营销、技术创新等课程的融合、拓展。培养人才的知识结构单一，不能适应金融科技所带来的复合型人才的要求。

（三）教学方法落后，学生自主学习能力不强

很多地方高校仍未摆脱传统的以教师为中心、“一言堂”式的教学模式。这种只注重书本知识传授的教学方式，导致学生学习的积极性不高，自主学习能力不强。有些地方高校的理财教学虽然在部分课程里引入了案例教学、小组讨论等形式，但往往难度不够，虽然一定程度上能调动学生自主学习的积极性，但不能有效提升学生独立解决问题的运用能力。

（四）实践教学较弱，学生创新成果转化能力不强

虽然目前国内一些高校，结合理财专业贴近市场和实践的特点，开设了一些实践教学课程，但实践课程占总课时的比重仍然较低，且主要还是以校内实训的方式进行，校外实训基地建设仍然滞后。这些因素导致学生动手能力不强，对于实战中应具备的技能，比如客户关系处理和风控等，学生往往无法很好掌握。

（五）师资队伍落后，专业水平亟待提高

一是师资队伍知识储备不对口。理财专业是一门相对新兴的专业，过去学校很少培养这方面的专门人才，任教教师大多是从经济学、会计、管理学等转行过来的，虽然专业方面都相关，但都不能算是对口，专业水平和教学质量难以保证。

二是知识结构单一。很多专业教师的知识结构比较单一，大多停留在传统理财业务的知识结构上，对于金融科技时代理财专业相关课程体系的改变准备不足，认识不深，短时间大幅度提升困难。

三是实践能力不强。目前地方高校绝大部分理财专业的教师是高校毕业后直接任教

或从其他高校调入的，这些教师理论水平普遍较高，但缺少一线工作的亲身经历与实践经验，实际动手操作能力不强。而部分高校“双师型”师资队伍的建设尚缺乏一套稳定的培训渠道。

三、地方高校理财人才创新能力的培养路径

（一）聚焦创新思维培养，增强学生创新意识

地方高校应具有改革的前瞻性，依据金融科技的发展对理财人才创新能力的要求，着力培养学生的创新意识。一方面，应注重启发式教育的实现，4 年的学习和在校实习时间，学生能消化吸收的理论知识有限，更应该做的是引导学生对理财产生兴趣，启迪学生突破传统的分析范式，提高解决问题的能力与效率，为创新能力的培养提供动力。另一方面，引导学生及时关注理财市场的实际运行，培养学生关注经济、金融信息的习惯，引发日常思考，培养创新意识。

（二）确定特色办学方向，夯实学生知识基础

金融科技的发展，要求理财人才需具备扎实的金融学、统计学、计算机等交叉学科知识。地方高校由于自身办学禀赋的限制，不可能方方面面的知识都能重点培养，但地方高校至少应做到以下几点：

一是充分结合自身学校或学科的办学特色，确定办学方向。如理工类大学可以大力培育金融大数据等办学方向；财经类大学可以充分关注理财领域模式的创新等，克服金融人才培养的同质化和空心化。

二是创新课程体系。首先，课程设置上应满足一定量的前期基础课程学习，增加交叉学科课程的数量。如线性代数、微分方程、计量经济学、量化编程等建模和编程需要的基础课程，还有金融、投资、管理、经济学方向等和理财相关的课程。另外，还需增开金融科技方向的理财新课程，针对这些新设课程，可以多和业内机构沟通协商，必要时可聘请业界人士到校开课传授。其次，在课程设置上，依据自身的学科条件，突出主线，设置专业核心课及专业特色课，选修课的设置为其做知识方面的铺垫或补充。最后，可在选修课引入一些资格考试的培训课程，如理财师（AFP）、国际理财师（CFP）、国家理财规划师（CHFP）、注册财务策划师（RFP）等。

三是自主编写教材、案例和题库。一方面，随着金融科技的发展，知识的积累不能及时赶上理财业务的更新速度，地方高校可根据理财业务的实际发展情况，自主编写教材、案例和题库，保证知识的实用性、先进性、灵活性和特色性。另一方面，由于各个学校所处地域不同、生源不同，结合学院教师和学生的特点，编写制作特色教材和案例等教学资源也是十分必要的。

四是与国外院校合作，开展理财专业的学位教育。如中国留学服务中心（CSCSE）与苏格兰学历管理委员会（SQA）引入中国的 SQA—HND 项目，为中国学生提供了在国内接受国外优质教育资源教学的机会。其中也有国际理财专业，国内已经有部分高校承办了这个项目。地方高校也可积极运作，争取引进此类国际性的理财专业的学位教育。

（三）创新教学方式、方法，提升学生自主学习能力

叶圣陶先生曾经说过：教师之为教，不在全盘授予，而在相机诱导。面面俱到且深入细致地讲授并非最有效的教学方式，教育是方法的学习。

一是课堂教学中，以学生为中心组织教学，提升学生自主学习能力。多采用问题式、讨论式、案例式、讲座式教学，充分利用博客、邮箱、聊天群组等途径分享课程资料，进行师生互动。提高学生对课内知识的主动学习能力。

二是采用现代化的教学手段和方法，提升学生学习效率。课堂的教学时间是有限的，积极引入慕课、微课等方法，利用现代化教学手段为学生创造泛在化学习的条件，提升学生的学习效率。

（四）提升实践教学水平，提升学生创新成果商业化能力

一是校内实践教学作用。通过校内实验和实训课程，使学生正确地把握理财相关业务的基本流程、不同金融工具的运用原理以及如何为客户提供有差别的理财服务和产品，从而节约学生适应社会的成本，更有效地满足市场对理财人才的需求。

二是鼓励专业对口实习。在学生完成理财理论学习的基础上，鼓励高年级学生深入到理财行业第一线，接受资深的业内人士的指导。

三是促进产学研落地。要充分与地方上理财业务发展相对较好的机构对接，合作建立理财实践基地，并邀请业界专业骨干作为实践导师，以市场为导向培养理财人才，争

取可以采取“订单培养”模式，提升学生的实践能力。

四是以赛促教。一方面，鼓励学生以团队形式报名参加各类省级、国家级理财相关的大赛，锻炼学生的团队协作能力和理财知识运用能力。另一方面，有条件的地方高校可成立理财方向以赛促教的组织，引入业界骨干作为组织成员，定期组织交流与讨论，让学生及时了解理财行业的最新发展动态，不断增强学生实践能力。

五是重视对学生创新实践的考核。应将理论和实践结合对学生的创新能力进行考核。除了理论知识的学习效果以外，应适度考虑学生参与创新实践项目、各类创新大赛的表现，赋予考核权重。要对在创新实践中取得重大突破的学生采取折合学分或者发放奖学金的形式给予奖励。

（五）打造高水平理财专业教师队伍，提升教师队伍的创新能力

一是要大力引进具有金融科技学科背景的师资。学校可通过紧缺人才等形式提供有竞争力的薪酬待遇，引进具有理财方向实践经验和教学经验的教师、学科带头人，提高教学水平。

二是提升现有教师的理论研究和实践水平，建立一支高水平的“双师型”教师队伍。鼓励教师到理财专业发展较好的高校进修、到业内挂职锻炼、参加相关资格考试（比如理财规划师），提升教师的科研和实践水平。

三是聘请校外理财领域优秀师资到校授课，为校内教师的授课做补充。

四、结论

金融科技的发展对理财人才的创新能力提出了新的要求，地方高校应抓住此次机遇，迎接挑战、提前布局，依据自身办学特色，从人才定位、课程设计、产学研合作、师资队伍建设等多方面全面培养学生创新意识，筑牢学生知识基础，提升学生自主学习和运用能力，提升学生核心竞争力。

参考文献

[1] 朱晓妹，林井萍，张金玲．创新型人才的内涵与界定［J］．科技管理研究，

2013，33（1）：153－157.

［2］刘红．独立学院应用型人才培养模式研究——以金融学（金融理财师方向）专业为例［J］．经济研究导刊，2012（20）：248－250.

［3］雷娜，王晓曦，党瑞清．高职投资与理财专业人才培养及教学改革探索——以河北交通职业技术学院为例［J］．北京工业职业技术学院学报，2013，12（2）：94.

［4］刘俊棋．互联网金融时代高校投资理财人才培养探析［J］．金融理论与教学，2018（3）：93.

［5］张敏锋．经济新常态、金融科技与地方高校金融专业人才培养创新［J］．金融理论与教学，2018（1）：91.

8 金融科技、新消费、新金融与高等教育人才培养

李 文

摘要： 随着金融科技发展，新金融、新消费也作为附加领域迅速发展。在这个过程中出现的行业特征和风险特征，决定了未来人才培养的方向。目前我国的高等教育人才培养需要注重场景创新、大数据区块链等技术技能掌握以及与该行业特殊的风险相关的内控和监管人才的培养方式和方法。目前看到比较有效的方法是金融科技从业企业作为第三方，促进企业和高校对接和资源整合。

关键词： 金融科技；新消费；新金融；人才培养

近年来，以技术为核心竞争力、以市场拓展场景应用为动力、以投资机构及资金认可为促进力的金融科技发展新阶段时代已来临。金融科技使金融普惠、共享程度提高，金融科技实现新经济、新业态结构性重组。同时，金融科技思维直接融入实体企业运行、金融底层功能从企业行为转成政府行为，形成更加健康的金融科技生态经济管理模式。

党的十九大报告提出："着力加快建设实体经济、科技创新、现代金融、人力资源协同发展的产业体系。""新经济"多次进入政府工作报告等重点政策规划。其中金融科技、新金融是现代金融和新经济的新动能和重要支撑力量。《金融科技（FinTech）发展规划（2019～2021 年）》提出，金融科技是技术驱动的金融创新。在新的消费形势下，以消费金融、消费分期、汽车金融为代表的企业正借助互联网、大数据、人工智能等技术纷纷开疆拓土、抢占市场，各个细分领域不断产生独角兽企业，带来更多的消费新业态。在此发展形势下，我们也看到了人才培养的新的方向。

一、新消费、新金融的行业升级对人才能力提出更高要求

新消费、新金融的行业升级要求人才具有创新精神和行业洞察力。同时新业态和技术的发展变化，也产生了新的需求。如在金融科技广泛应用的情况下，一些新的需求如场景开发还有一些风险问题逐渐显现，而我们对此的人才储备显然还没有完全适应目前市场的发展程度，这就要求今后的人才培养从结构和质量上都有根本的提升。

一是随着新金融、新消费需求不断更迭，新金融也逐渐走向场景化、个性化和智能化。

在新金融、新消费企业迅速发展的过程中，监管政策和市场环境悄然改变，受益于金融科技的高速发展，金融工具日趋丰富，用户需求更为多元。用户开始关注自身的财富健康。金融与消费的生活场景已实现无缝对接，消费分期、保险、基金、支付等多元金融服务体系逐渐成熟，为休闲娱乐、旅游、教育、新零售、出行等行业注入了发展新动力。消费市场格局将被新金融和新消费深刻重塑。在消费升级浪潮的推动下，消费模式随之转变。消费行为更加高效、个性，更多消费者开始重视自身消费习惯。

二是对企业而言，传统的经营方式和理念已难以为继。消费者更加重视产品品质、消费体验和精神愉悦，品牌赋予产品的价值正深入渗透到需求侧，以消费者为中心正成为企业经营的目标。因此，无论金融还是消费行业其挑战在于了解消费者行为变化的趋势，并从市场、研发、制造、销售及服务等环节做出相应调整，这将是企业未来发展的重心所在。这需要人才极具创新精神、洞察力和行业敏感度。我们目前的人才培养方案，专注于细分领域的规范性教育培养，但对当前所需要的跨学科人才的创新能力、知识迁移能力、整合能力、动手能力等均比较缺乏。现实要求高校人才培养需以市场需求为导向而迅速有效地转型。

二、新消费、新金融发展的瓶颈是人才供给不足

新消费、新金融的底层技术为大数据、人工智能、区块链和机器学习等前沿科技。复合型人才的供给不足是行业发展的瓶颈。我们正处于新一轮科技革命和行业变革的历史交汇期。云计算、大数据、人工智能已然在重塑金融业所依赖的信用基础；随着5G、

物联网、边缘计算等技术的积累进化，金融服务将会嵌入任何一个数字场景中，变得更加无形无感和无处不在。科技正在从底层基础设施跃升为顶层创新先导，驱动着金融行业的流程再造、组织变革和战略转型，催生出智能化、普惠化、无界化的“新金融”。

新金融是以数据为关键生产要素、以科技为核心生产工具、以平台生态为主要生产方式的现代金融供给服务。与传统金融相比，新金融服务国家建设的本质使命不变，但服务内涵全面深化。新金融深入到智慧政务、“互联网+监管”、新型智慧城市等“数字中国”建设的各个领域，通过融合金融洞察能力、科技创新能力和数字治理能力，推动实现高效透明的政府运行、精准智能的城市管理和泛在便利的民生服务，助力国家治理体系和治理能力现代化。

新金融服务实体经济的核心职能不变，但服务能级显著提升。银行不再仅仅是融资等传统金融服务的提供者，而是融智赋能的资源整合者。通过为企业提供专业解决方案、科技基础设施和集成金融服务，帮助企业提升资源配置效率、降低交易成本、全面防范风险，成为与企业共生共荣的全生命周期伙伴，推动数字产业化和产业数字化协同发展。

新金融服务方式更加灵活多元。金融走出了银行网点柜台，作为底层服务和触角，广泛融入了住房、交通、教育、医疗、养老等生活场景，有效感知需求，为普罗大众提供触手可及、无处不在、精准直达的温暖服务。

通过科技能力和金融洞察的深度融合，新金融的服务边界大大拓展，供给能力大大提升。金融行业从科技成果的应用者转变为协同创新者，从封闭金融体系的主要参与者转变为开放金融生态的合作者。

金融机构利用科技手段逐步向主动获取用户转变，不断改进创新创造场景，增加服务附加值和服务溢价。除开放产品和服务外，一些机构也逐步形成新金融、新科技的竞争优势。金融科技成为消费金融行业的核心驱动力。

在行业人才需求研究和缺口研究中，无论是求职网站还是咨询公司都给出了一个明确的结论，即目前新金融、金融科技方面的人才缺口非常之大，甚至已经成为该行业发展的短板，严重制约了行业的发展。

三、金融科技、新金融中的风险问题

金融科技的使用具有两面性。在科技不断重塑包括金融在内的各行各业之时，金融科技的快速发展，同时也带来了金融风险，给行业监管带来了新的挑战。

在科技赋能下，金融同时渗透到消费生活各个领域，消费金融近年来发展迅速，表示出金融科技探索持续活跃、市场竞争格局逐步清晰、服务客群不断下沉、助贷联合贷模式普遍等明显特征。

消费金融的行业基本要素包括用户、资金、数据或者说科技三个方面。从 2007 年以来，商业银行掀起零售转型的浪潮，助贷开始崛起，消费金融开始进入快速增长时期。整个产业链开始细分，行业开始强调开放合作。除开放产品和服务外，一些机构也逐步开放自己的科技。金融科技开始作为重要的驱动力量开始崛起。

不可忽视的是，金融科技的快速发展也带来了金融风险，并给行业监管带来了新的挑战。金融科技发展过程中更核心的风险为个人信息安全的问题以及隐私保护问题。金融企业利用了消费者个人的信息可能会存在侵占和滥用等问题。大部分金融企业主要目标是精准营销，降低成本，提高收入。但是，在收集个人信息的时候存在的滥用个人信息、过度收集个人信息等现象，都会造成个人财产安全和人身安全的问题。

出现上述问题的根本原因在于新金融行业的门槛变得越来越低。以消费金融为例，消费金融行业的分工越来越细，互联网公司即便不懂金融知识，一样可以通过以导流切入消费金融业务，甚至做到几十亿元的规模。门槛下降一方面会催生整个新消费、新金融行业的快速发展，另一方面也带来很多的问题，比如一味强调互联网的“快”，但缺乏风险意识，也没有考虑到金融消费者保护等问题，引发很多的乱象。

比如，消费金融流向的问题、多头借贷、高利贷等等。这些风险给监管部门提出了新的挑战。而这需要行政监管、行业自律和从业机构的共同努力。

金融科技的快速发展带来的系列风险和挑战，也需要监管科技的介入。解决上述问题，行业需要行为监管、穿透监管、沙盒监管三大监管模式的引导。让金融科技进入“沙盒”在一个框架中进行创新，监管对整个资金链条进行穿透监管，从而解决创新导致的制度的空白。

由上可知，新金融、新消费也对行业监管人才提出新的要求。金融科技作为一种工具，从工具中性的角度来看，很多的问题并非是金融科技的问题，而是金融科技使用者的问题，是使用不当引发的一些问题。消费金融机构作为金融科技的使用者，不能利用金融科技进行监管套利，也不能利用金融科技做违规的事情。但是资本的本性是利益最大化，所以不可能依赖自律监管新金融中的风险。同时由于监管总是滞后于市场创新，所以可以预见监管方面的人才需求将会遭遇更大的挑战。

四、互联网消费金融的普惠初心与人才培养方向的结合

新金融行业存在巨大的人才缺口。按照1997~2009年电子商务从业人员的增长速度推算，2019年网络借贷从业人员将达56万人，2024年将达234万人，而2016年网络借贷从业人员仅为10余万人。按银行系统和小贷公司从业人员在金融系统中的占比为53.76%来估算，2019年新金融从业人员将达104万人，2024年将达435万人。未来5~10年内，我国新金融行业人才缺口将达100万以上。

新金融复合型人才需求与日俱增。“随着移动互联网、大数据、云计算、人工智能等新技术在金融领域得到逐步应用，新金融时代的行业结构变革和技术变革将极大改变金融传统业态。一方面，传统金融机构要重构价值链和经营模式，以适应新的竞争环境；另一方面，人才跨行业流动的壁垒被打破，未来的人才需求将表现为复合型。”

金融和互联网为代表的新技术的融合，实际上并不容易被理解。金融逻辑的本质和互联网精神有着强烈的冲突，金融讲求保守、稳健、持续、强大的风控能力；但互联网讲求的是快速迭代和非常高效的分享。这两种基因很难被结合在一起。事实上，现在很多金融从业者也不知道怎么利用互联网来优化金融服务，能把金融和互联网或新技术融合在一起的人才非常稀缺。

新时代的金融人才需兼具金融知识、IT技术等方面的知识技能，同时还需具备创新思维、用户思维、跨界思维、迭代思维，能将创新付诸实践，并有一定的合规意识和风险意识等素质。对于金融人才来说，新金融时代，需要把握机遇应对挑战、紧跟行业变化、提高自身能力。但对于金融机构来说，如何基于业务发展战略明确人才培养目标迫在眉睫。

在人才培养方面要注重实际应用，同时合理组织人才。金融机构在引进外部人才的同时，也要布局并建立内部人才培养体系，加速内部人才的发展与成长。金融人才结构性矛盾依然突出，尤其是具有国际化视野、全球竞争力的高端金融人才明显不足。目前，主要的人才缺口为以下几种：

1. 商业模式创新人才

如何完善促进消费的体制机制，如何有效配置资源，以满足广大人民群众日益增长

的消费需求，这就是金融需要解决的基本问题，也是消费金融发展的初衷。所以，目前行业发展需要对金融、消费、技术、市场等领域都较为熟悉且具有较强创新能力的人才，不断开发创新应用场景，创造新的利润增长点。

2. 技术人才

大数据、区块链、数字货币、人工智能等金融科技的快速发展，将引领数字普惠金融各方面基础设施建设登上新台阶。

从互联网到金融科技是一个不断试错的过程。对于互联网、新消费、新金融公司来说，金融科技在信贷、消费、金融领域能解决三大问题：一是数据筛选和收集，二是在设计产品时风控前置，三是贷后管理更加数据化。所以，目前对大数据分析、区块链等科技类人才的需求处于迅速增长的阶段。

3. 风控人才

金融科技可以提升企业运营效率和盈利能力。随着规模的扩大，科技手段有效地实现了风控效能的提升，降低运营成本效率。监管部门对于技术的认知能力也应该有所提升。整个中国的消费金融的渗透率还有很大的提升的空间。把握消费金融升级机遇，发力场景金融，转型小微金融，是消费金融未来发展的突围之路。在这个过程中，需要严密监控和预防风险，因为这与广大居民的切身利益相关。企业自身的内控机制需要完善，且内控人员的技术水平需要提高。

4. 监管人才

新金融兴起后，给金融市场带来巨大的变革。新金融最初创业者以 IT 新人居多，这些创始人具有冒险精神。这些企业有可能突破现有金融行业条条款款的束缚，甚至取得意想不到的结果。整体而言，新金融创新和创业的前期是比风险，风险大且能控制则企业可以存活发展。然而到了政策趋紧、监管落地的后期，新金融创业、从业人员也要懂政策、守规矩。企业需要加强内控，监管行业也要增加对技术的认识程度。

金融科技人才培养的方向可以尝试构筑项目与院校之间的协同创新网络，打通信息、技术、资金和资本之间的流动渠道，促进产教融合实训基地项目的社会化投资，为院校的科技成果转化以及后续的项目制运行提供必要保障。很多从事金融科技业务的企业也已经开始提供人力资源、法律构架、财务管理、技术架构等增值服务，使孵化、投资、管理实现一体化，在减少投资成本的同时也能降低投资风险。这无疑是金融科技相关的新金融、新消费行业人才培养模式的一种创新实践，也是迅速拉近校企之间差距的一种方法。我们可以看到，目前对新金融、新消费的人才培养已经在全国高校迅速展开。对于我校来说，我们除了校企合作之外，也开始迅速引进相关专业教师，加大对本校教师的培训力度，为相关人才培养持续提供经验。

参考文献

[1] 张鑫. 金融科技时代地方高校金融专业建设研究［J］. 时代金融，2020（8）：133－134.

[2] 江依. 基于学科立体交叉的金融学专业复合型人才培养模式研究［J］. 经济研究导刊，2020（9）：158－159.

[3] 刘茂平. 新科技革命冲击下应用型本科高校金融专业学生能力体系及实现机制研究［J］. 教育教学论坛，2020（16）：141－143.

9　人工智能驱动下的应用型金融人才培养创新

谢玲芳　陈　兵　郭晓丽　蔡雨杉*

摘要：金融应用型人才的培养已成为金融类高等院校面临的主要问题，人工智能不仅是科技革命和产业变革的重要驱动力，也是教育创新、培养高端人才的重要突破口，必须积极推动人工智能和教育深度融合。人工智能与金融融合，产生了智能投顾、智能支付等金融新业态，目前高校金融人才培养中存在一些问题跟不上或不适应金融新业态人才培养的趋势和要求，包括师资队伍、课程体系等。本文通过在教学实践中的体会，提出人工智能驱动下高校金融应用型人才培养的一些思路和建议。

关键词：应用型金融人才；人工智能；教育创新；案例教学

2019 年 5 月 16 日，国际人工智能与教育大会在北京开幕，国家主席习近平向大会致贺信：人工智能是引领新一轮科技革命和产业变革的重要驱动力，正深刻改变着人们的生产、生活、学习方式，推动人类社会迎来人机协同、跨界融合、共创分享的智能时代。把握全球人工智能发展态势，找准突破口和主攻方向，培养大批具有创新能力和合作精神的人工智能高端人才，是教育的重要使命。

习主席强调，中国高度重视人工智能对教育的深刻影响，积极推动人工智能和教育深度融合，促进教育变革创新，充分发挥人工智能优势，加快发展伴随每个人一生的教育、平等面向每个人的教育、适合每个人的教育、更加开放灵活的教育。

人工智能（Artificial Intelligence，AI）已经上升为国家战略。人工智能发展进入新阶段，正在引发链式突破，推动经济社会各领域从数字化、网络化向智能化加速跃升。

---

* 谢玲芳，博士，上海立信会计金融学院金融理财系。陈兵，副教授，上海立信会计金融学院金融理财系。郭晓丽，上海立信会计金融学院 2017 级金融学（国际金融方向）二班学生。蔡雨杉，上海立信会计金融学院 2017 级金融学（国际金融方向）三班学生。

随着互联网技术的发展和新科技的不断涌现，主要由各企业推动的金融领域人工智能发展也日新月异，人工智能将给金融产业带来巨大变革。

近些年，金融行业对人工智能领域的探索一直持续着。在金融行业的支付、投资、贷款、个人理财、反欺诈、区块链、银行和保险等领域都出现了人工智能的身影。在未来，金融企业要紧紧把握人工智能技术应用，这样才能够成为金融金字塔上的塔尖企业。

随着金融 AI 技术的爆发，人工智能将改变传统金融的各个领域。根据普华永道的报告，未来 5 年内，大数据分析、人工智能、机器人流程自动化等新兴科技将改变金融业中的零售银行、资金转移及支付等领域。除了技术的驱动，就市场来看，数据显示，中国金融在线化比率仍远低于电商，经历十几年发展，电商零售在线化比率达 14%，金融业在线化比率不足 5%。中国已经迎来消费金融和小微金融的黄金 20 年，未来四五年或更长时间，金融在线化率会超过零售。

教育部部长陈宝生在人工智能与教育大会上发布了主旨报告，“新一代信息技术的发展为中国教育带来了新的发展契机。”首先回顾我国九年义务教育全面实现普及，大力发展“互联网 + 教育”；中国在通过人工智能和智能教育提供多层次的人才培养；为人工智能在教育教学中的应用提供更多实践空间。以及目前国家数字教育资源公共服务体系基本建立，从四个方面探索“AI + 教育”。最后展望未来，提出中国将研制《中国智能教育发展方案》。

人工智能驱动教育行业即将迎来 DT 时代。在人工智能浪潮的驱动下，科技产业正在从 IT（Information Technology）时代走向 DT（Data Technology）时代。在大数据的影响下，教育产业将迎来深度变革。我们认为 1.0 阶段的教育产业，以“教师”为核心，无论线下培训或者在线教育均以“时间”收费，本质是“服务”产业。在 DT 时代的 2.0 阶段的教育产业，以“学生”为核心，将基于大数据，以“效果和效率”考量标准为学生提供个性化的服务，真正做到因材施教。具体情况如图 9 - 1 所示。

一、当前高校金融人才培养中存在的问题

人工智能与金融融合，产生了金融新业态，如智能投顾、智能投研、智能风控、智

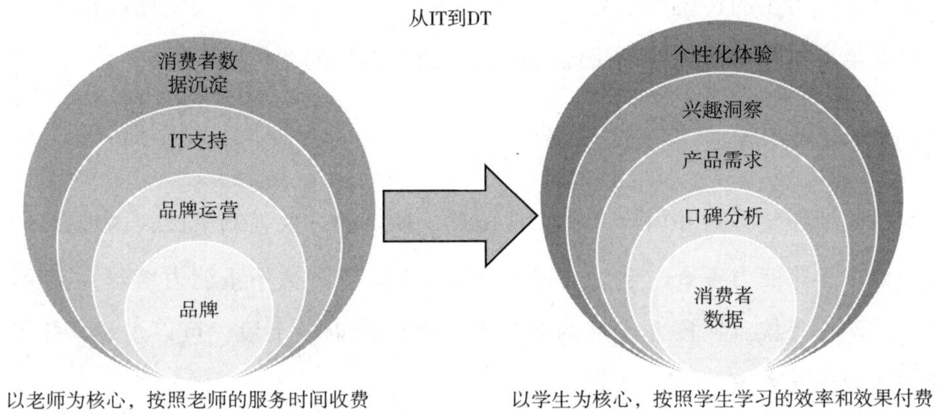

图 9-1 教育行业正从 IT 时代走向 DT 时代

资料来源：新浪教育。

能支付、智能客服、智能营销、智能保险等，这些金融新业态对人才需求产生了新趋势和新特点。但是，目前高校金融人才培养不适应也跟不上这种趋势和要求，当前人才培养中存在的主要问题有：

（一）教材内容滞后

信息技术的发展为金融业的创新注入了源源不断的动力。随着金融业的快速发展，出现了一些新兴业态，如大数据金融。但即便是全球知名商科院校普遍使用的教材，大数据金融这一热点并未出现在其中，这说明教材内容更新滞后于现实金融业的发展。培养应用型金融人才，仅依赖于教材进行教学是不行的，会导致学生掌握的专业知识和技能与现实工作需要的职业能力不相匹配。

（二）教师缺乏实践经验

当前，各大商科院校都普遍缺乏“双师型”教师，教师行业的薪酬与金融机构相比不具备竞争力。大多数商科院校教师没有社会就职经历，课堂教学只能依据教材内容坐而论道，对实操所知甚少，因而课堂上很少涉及应用教学，大大影响了学生的学习兴趣以及对工作能力的培养。

（三）教学形式单一

很多专业基础课程，相对于实务性课程来说，内容本身偏理论，略显枯燥，大部分教师采用以讲授为主的传统教学方式，较少组织讨论、研究分析和实操模拟等其他教学模式，对学生自主学习能力、动手能力的培养缺乏有效的载体。

（四）考核评定偏差

传统的成绩评定方式和内容存在一定偏差，评价的方法强调笔试，内容过于偏重教材理论知识，忽略能力考查。学生重期末不重平时，重分数不重能力培养，甚至习惯考前突击应对课程考核。考核方式是调动学生积极性的重要手段，可以引导学生学什么、怎么学、达到什么要求。

二、人工智能与教育创新结合的优势

从人工智能技术与教育领域的结合前景来看，人工智能技术将在以下几个方面起到促进作用：

（一）构建更加丰富的教学场景

目前借助于AR/VR等设备，大量的智能化应用将逐渐提升学生的学习体验和老师的教学体验。对于学生来说，很多难以理解的抽象概念，借助于人工智能技术会更容易建立起画面感，从而促进其对于概念的理解；而对于老师来说，可以从繁琐且重复的教学任务中解放出来，可以把更多的精力放在更多有意义的事情上。

（二）促进因材施教的实施

在当前教育资源相对比较匮乏的情况下，全面实现因材施教的难度是比较大的，而借助于人工智能技术，将能在一定程度上解决因材施教的问题。从人工智能技术的特点来看，人工智能技术可以对学生完成细粒度更高的学习管理。

（三）激发学生的求知欲

人工智能技术应用还有另一个重要的作用，那就是全面激发学生的求知欲，通过一些合理且人性化的设计规则，让学生在探索知识的过程中收获更多的乐趣。

三、课程内容设计

以应用型人才培养为导向的教学改革创新，首先需转化教学设计视角，结合金融业发展和金融人才要求，从提升职业能力出发，将工作内容转化为教学内容，将职业能力要求转化为教学目标。

从大数据分析到打造个性化学习（如图9－2所示）。对教学全过程数据进行采集：智慧课堂设备用于采集课堂教学互动和授课数据，手机采集日常学生作业和练习的数据，校级云阅卷系统采集校内考试数据。数据采集后通过在学校内放置的微云服务器，连接云端，作为课堂的超脑，集中对数据进行分析，继而在各个智能移动终端实现人工智能的应用。即依托云、端、网，教师可以实现多屏互动、移动教学。在人工智能与大数据技术的支撑下，传统的讲授式教学将转变为以学生为中心的个性化教学。

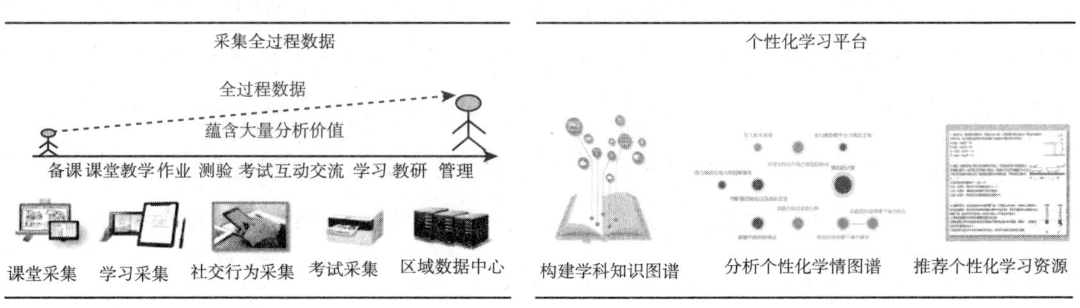

图9－2　教学过程的数据采集与分析和个性化学习平台

资料来源：芥末堆官网。

智能微课工具与智能纸笔课堂。在大量的实际教学活动中，通过智能微课工具，老师可以在教学的过程中便捷地记录教学片段，并与教学课件实现同步，同时通过语音识别把课件结构化，并通过语义理解摘取关键教学环节，逐渐形成优质的微课资源库。通过智慧纸笔课堂，在普通的手写板上，学生进行课堂练习，教师可以动态看到每一个学生答题的进程和结果，并给予实时反馈，调动学生的课堂积极性。

运用人工智能进行教学可以培养学生解决问题的多方面思考的能力，可以实现网络教育的个别化、理想的个别化。计算机可以根据每个学生不同的知识水平和学习习惯制定出最适合学生的学习策略，并在学习过程中发现学生存在的问题，并给出解决方法。

然而目前计算机教学能实现的个别化只是单纯意义上的空间个别化，在教学方式和教学内容上没有发生根本变化。个别化教育是人工智能应用于教育的一个重要组成部分。在未来的智慧课堂上，会配备一些高清的摄像头，它们能捕捉每一个学生的面部表情，根据面部表情分析出这个学生的注意力是不是集中，它对当前的这个知识点掌握的情况如何，然后把这些掌握的数据及时反馈给教师，教师则可以根据这些反馈，调整讲课的节奏、讲课的内容，以达到更好的教学效果。

四、教学实现

（一）大量采用案例教学

案例分析使学生能直观、快速地理解理论知识在实际工作中的应用。金融业发展非常迅速，金融产品和服务不断创新，因此案例选取要典型，要不断更新，贴近现代金融业的变化，捕捉当前热点。案例讨论教学过程中，通过设置一系列问题引导学生思考并解决问题，培养学生分析问题、解决问题以及辩论表达的能力。笔者在2019年新开的上市公司基本面分析与案例研究课程中，结合自身丰富的从业经验，在教学内容设计中安排了大量的案例，包括格力电器和深康佳A流动比率分析、保利地产和世茂股份的利息保障倍数比较、东方航空和南方航空权益乘数分析的权益乘数分析、海康威视和大华股份存货周转率指标分析等，教学效果很好。

丰富的实践案例，既穿插了理论知识，又在实际案例中让学生掌握了上市公司基本面分析的基本方法，确实体现了案例教学的优势。

（二）增加模拟实操环节

实操是学生“动手做”的教学环节，2020年笔者承担的2017级金融学（国际金融方向）二班和三班的课程国际业务，其中主要就是用国际结算的实验操作来增加学生对银行主要结算业务的操作和体验。以国际结算理论为基础，以银行国际结算实务为重心，以银行国际业务操作软件系统为依托来开展实训教学。通过学习和训练，旨在让学生进一步加深对国际结算理论的理解，熟悉银行国际结算工作的具体做法，使理论与实践接轨。课程对于提高学生的动手能力及职业能力、尽快适应国际业务岗位工作具有很大的帮助。同时，通过实践教学活动，课程拓宽了学生的知识领域，锻炼了学生的实践技能，培养其形成科学严谨、求真务实的工作作风。

（三）智能微课工具与智能纸笔课堂

在大量的实际教学活动中，通过智能微课工具，教师可以在教学的过程中便捷地记录教学片段，并与教学课件实现同步，同时通过语音识别把课件结构化，并通过语义理解摘取关键教学环节，逐渐形成优质的微课资源库。通过智慧纸笔课堂，学生在普通的手写板上进行课堂练习，教师可以动态地看到每一个学生答题的进程和结果，并给予实时反馈，调动学生的课堂积极性。

（四）组织专题演讲与讨论

专题演讲采用小组合作的形式完成，各小组选取与课程内容相联系的热点问题作为小组演讲主题，准备过程包括确定主题、资料阅读、信息整理、演讲内容设计以及 PPT 制作，最后在课上向全班同学汇报并组织讨论。小组演讲的每一个环节都能锻炼学生不同的能力，这些技能在工作中经常被用到。笔者在上市公司基本面分析与案例研究课程中多次划分小组进行专题讨论，课堂的趣味性和灵活性大大提升。

（五）构建多角度评价方式检验学生学习效果

应用型人才培养要全面考核学生的知识和技能，既要考核学生对理论知识的掌握程度，也要检查学生的应用能力，还要对学生的综合素养进行考核，如出勤率、参与度、创新能力和团队合作精神等。笔者 2020 年所授国际业务课程加强了过程性考核，建立了多元、综合的评价方法，成绩构成如下：小组主题演讲占 5%，课堂讨论参与占 10%，课堂考勤占 10%，实验操作 25%，阶段测验 25%，课外作业 25%。

2020 年新冠疫情的爆发使得网络教学和在线教育变得越来越普及，在此大趋势下必须加快科技与金融的融合，加快人工智能向金融教育的渗透，提升金融应用型人才培养的质量和成效。

参考文献

[1] 施晓秋，徐嬴颖．工程教育认证与产教融合共同驱动的人才培养体系建设

[J]. 高等工程教育研究，2019 (2)：34 - 36.

[2] 陈欣，周龙福，曹耀钦. 探索应用型本科数据科学与大数据技术专业人才培养方案的构建 [J]. 现代工业经济和信息化，2017，7 (23)：40 - 42.

[3] 孙爱晶，陈怡君，石晓娟. 基于 OBE 的本科人才培养目标评价体系探究 [J]. 高教学刊，2017 (9)：33 - 34.

[4] 陈飞. 应用型本科教育课程调整与改革研究 [D]. 上海：华东师范大学，2014：71 - 73.

[5] 教育部高等学校计算机科学与技术教学指导委员会. 高等学校计算机科学与技术专业发展战略研究报告暨专业规范（试行）[M]. 北京：高等教育出版社，2014：384 - 396.

10　我国高校经济类课程思政教学的现状、问题及对策研究

——基于全国部分高校的调查数据分析

上海立信会计金融学院课程思政调研组

课题组负责人：周新辉

组员：孟可欣　王润文　刘芯宏　侯思雨*

摘要：近年来，在国家倡导高校思政教育由“思政课程”向“课程思政”转变的大背景下，全国各大高校纷纷掀起了一场课程思想政治教育改革的热潮。本文主要通过对全国24个省市自治区近50所高校的经济类课程思政教学现状的调研发现，虽然目前高校经济类课程思政教育的普及程度和影响力得到大幅提高，但其中也存在一些有待改进的问题，课程思政效果仍然有待提升。因此，需要继续加强优化课程思政教学管理，不断优化课程思政教学模式，提高学生的思政教育参与意识等。

关键词：经济类课程思政；调查分析；教学模式；教学效应

一、经济类课程思政教育的内涵与研究目的

所谓经济类课程思政教育，顾名思义，就是指以将“立德树人”作为高校经济类课程的教学目标，通过深入挖掘各门经济课程所蕴含的思想政治教育元素，将思想政治

---

* 周新辉，上海立信会计金融学院，副教授。孟可欣、王润文、刘芯宏、侯思雨，上海立信会计金融学院，2017级金融学（CFA方向）学生。

本课题在调研中得到了上海立信会计金融学院副院长程丽萍副教授、东华大学王素芬教授、同济大学梁晓蓓教授、华东政法大学王晟副教授、上海财经大学张森副教授、上海电视大学于丽副教授等老师及同学们的大力支持，在此一并表示诚挚的谢意！

教育渗透到经济类课程的教学中，将思想政治教育与经济类专业知识的教学有机地结合起来，引导学生将所学的知识转化为内在德行，内化为自己精神系统的有机构成部分，不断提升学生的整体思想道德修养。具体而言，即把经济类专业知识传授、价值塑造、能力培养三位一体作为教育的根本任务，将经济类课程与思想政治理论课同向同行，形成协同效应，从而构建一种全员、全课程育人格局的综合教育理念。

课程思政最早源自上海高校思想政治教育综合改革的实践。自 2014 年起，上海市在教育部指导下，率先开展“课程思政”试点工作。2017 年 6 月，教育部充分肯定了上海的课程思政改革模式并在全国推广。在高校思政教育由“思政课程”向“课程思政”拓展的背景下，高校课程思政教学改革热潮正在兴起。在各类思政课程中，经济类课程思政教育具有其独特优势。这主要是因为开设经济类专业的高校众多，经济类课程在当今社会与大学生群体中影响较大，在高校思政教育体系占有重要位置。同时，经济类专业学生作为未来社会经济发展的重要人才，掌握未来社会经济发展的命脉。因此，很有必要在经济类课程中强化思政教育，在经济类课程中有机融入思想政治教育元素，形成专业教育和思政教育紧密结合、同向同行的育人格局与协同效应，全面提升学生的综合素质。

课程思政教育教学实践在全国已推行几年，其取得的成效如何？存在哪些实际问题？有哪些值得总结和推广的经验？这些问题都非常值得深入研究和探索。本文将以经济类课程思政教学为研究对象，结合全国 24 个省市自治区近 50 所高校经济类课程思政教学的调研数据，重点分析经济类课程思政教学的现状及存在的主要问题，并在此基础上提出相应的对策与建议。

二、全国经济类课程思政教育的情况调研

（一）调研的目的与意义

在信息网络化、思想价值观念多元化等浪潮的冲击下，高校传统的思政课程教学模式已经很难适应当前的教学要求，这就要求思政模式逐渐完成从传统的思政课程到课程思政的转变，充分挖掘专业类课程的育人潜能，实现高校立德育人的使命，更加充分地发挥课堂教学的育人主渠道作用。

为了解近几年来全国高校经济类课程思政的教育现状，本课题组拟通过大范围的抽

样调查方式，通过了解不同年级与学龄层次的学生在接受课程思政时所呈现出的不同特点，探寻新时代高校大学生的思政需求，从中发掘出经济类课程思政效果的主要影响因素以及现阶段经济类课程思政存在的主要问题，并探求其主要的解决方法，从而帮助高校及教师更好地开展专业课程思政工作，提升课程思政效率，实现思想政治教育和知识体系教育以及价值引领和知识传授、能力培养的多维有机统一，以助力加速推进全员、全程、全方位育人格局的形成。因此，该调研对推进高校经济类课程思政教学、提升其教育教学成效无疑将具有重要的意义和价值。

（二）调研的对象及方法

本次调研的对象主要为各类高校财经类专业学生以及选修过经济类课程的其他专业学生。本课题组于 2019 年 9 月 20 日 ~2020 年 1 月 20 日，主要通过线下实地调研以及问卷星、微信群、QQ 群等网络平台，采用线下与线上问卷相结合的方法进行调研，调研范围涵盖了上海、新疆、陕西、青海、西藏、云南、黑龙江、吉林、辽宁、北京、天津、山东、江苏、浙江、河南、河北、湖南、湖北、江西、安徽、四川、重庆、福建、广东 24 个省市自治区近 50 所高校。

（三）问卷的设计及回收情况

本次问卷设计涵盖学生自身特征、经济类课程思政教育特征两大维度，共计 20 个问题。问卷设计中，主要对问卷内容和受访对象进行了讨论，在对问卷进行多次修改后，再开展小规模的预调研，并在征集问卷修改意见后，正式发放问卷。

该问卷首先设计了指导语，说明了本次调研的目的、意图以及调研背景，并遵循受访者隐私保密原则，以尽量保证所获取信息数据的可靠性与真实性。完成问卷的受访者还可获得相应的礼品、红包奖励。问卷内容主要分四大部分：第一部分是社会统计学变量，调研了被调研对象就读院校所在省市、年级、专业类别等信息；第二部分是课程思政的影响因素；第三部分是学生对课程思政的效果评价；第四部分是被调研者对课程思政教学的建议。问卷共计 20 个问题，题型分为单项选择题与多项选择题，还包含一个建议类开放题。

其中，非量表型问题主要为学生自身特征维度的调研问题，主要包括被调查者就读院校所在省市、所在年级、所学专业，以及所学课程的课程性质、对思政教育认知程度、对思政内容需求等；量表型问题主要为经济类课程思政教育特征维度的调研问题，主要涵盖课程思政教育的授课形式、内容占比、与专业课的关联程度；被调查者对课程思政教育的态度、对课程思政教育的评价以及对课程思政教育的需求等，具体包括课程思政教育授课形式、思政教育内容与专业课关联程度、课程思政教育对被调查者思想道德的提升效果、课程思政教育对调查者的影响、课程思政较传统思政教育的优点、改进建议等。问卷内容具体可详见表10-1及文后附件。

表10-1　我国大学生经济类课程思政教学情况的调研问卷设计

题目类型	变　量	分析维度
量表型	学校对课程思政的重视程度	影响因素
	学生对课程思政的了解程度	
	学生对任课教师的基本印象	
	任课教师的授课形式	
	思政内容与专业课内容关联度	
	课堂效果	课程评价
	课程思政对个人素质提升效果	
	课程思政所带来的提升方面	
	课程思政较传统思政的优势	
非量表型	院校所在地	学生个人特征
	学生年级	
	专业类别	
	院校层次	
	课程性质	课程与教师特征
	教师年龄	
	思政内容占课程内容的比例	
	思政内容与课程的关联程度	
	课程思政的必要性	相关建议
	思政内容的合理占比	
	思政内容需求	
	其他建议	

本次调查累计发放问卷1553份，回收问卷1495份，在剔除部分存在问题回答前后不一或瑕疵的问卷基础上，获得有效问卷共计1289份，问卷回收有效率达到了86.22%。

从本次问卷填写者的年龄结构来看，调研主体包括本科生与研究生。其中，大一学生531人，所占比重为41.19%；大二学生358人，所占比重为27.77%；大三学生235人；占总调研学生的18.23%；大四学生98人，占总调研学生的7.60%。攻读硕士学位的学生人数为67人，所占比重为5.20%。从院校层次来看，就读于985院校的学生人数为44人，所占比例为3.41%；就读于211院校的学生人数为67人，所占比例为5.20%；就读于双非院校的学生人数为883人，达到68.50%；就读于其他类型院校的学生人数为295，占比为22.89%。从所读专业结构来看，就读于经管专业、理工类专业的同学占比较大，分别达到了924人与248人，占比分别为71.68%与19.24%，其他专业合计9.08%。从地理划分来看，东部地区参与调研的学生人数为577人，所占比重为44.76%；中部地区参与调研的学生人数为249人，所占比重为19.32%；西部地区参与调研的学生人数为463人，所占比重为35.92%；调研学生主要分布在东部地区的上海市、西部地区的新疆维吾尔自治区以及中部地区的湖南省，参与学生分别为520、401、219人，所占比重分别达到了40.34%、31.11%、16.99%，占总调研学生的88.44%；其余城市参与学生人数为149，所占比重为11.56%。

综上所述，1289位受访者所在高校的地域分布合理，以大一、大二、大三的本科生为主，就读于双非院校的经管专业与理工专业学生居多。具体详见表10-2。

表10-2 调研样本人口统计变量描述

	人口统计变量	人数	百分比（%）
年级	大一	531	41.19
	大二	358	27.77
	大三	235	18.23
	大四	98	7.60
	研究生	67	5.20
院校层次	985高校	44	3.41
	211高校	67	5.20
	双非院校	883	68.50
	其他	295	22.89

续表

	人口统计变量	人数	百分比（%）
专业	经管类	924	71.68
	理工类	248	19.24
	文史哲类	18	1.41
	军事法学类	4	0.31
	教育医学类	3	0.23
	其他	92	7.13
地域	东部	577	44.76
	中部	249	19.32
	西部	463	40.34

三、我国高校经济类课程思政教学的现状及存在的主要问题

根据本课题组的调研统计数据来看，目前我国高校经济类课程思政教育的普及程度和影响力得到了大幅度提高，但其中也存在一些有待改进的问题，课程思政效果仍然有待继续提升。具体表现如下：

（一）绝大部分学校教师都在积极推动和实施课程思政，但重视度有待加强

1. 学校层面

首先，从学校层面来看。调研结果显示，1289 位受访者中有 45 位对学校课程思政的政策并不了解，另外，1244 人根据切身体会，对学校的重视程度做出了较为客观的评价。其中，认为所在学校对于经济类课程思政教育的重视程度很高的人数为 770 人，占评价人数的 61.90%；而认为学校重视程度一般的同学有 457 人，占比为 36.74%。具体详见图 10－1。可见，大部分同学对学校的课程思政教育政策有一定了解，也间接反映出绝大多数学校都对习总书记和教育部的课程思政精神与政策做出了积极的响应，大都充分认识到了课程思政教育的重要性，正在积极推动传统课程向课程思政的转型。同时，调研数据也显示，有 1.37% 的学生认为学校并不重视经济类课程思政教学，且有少部分同学尚不知道教育部提出的课程思政教育理念。

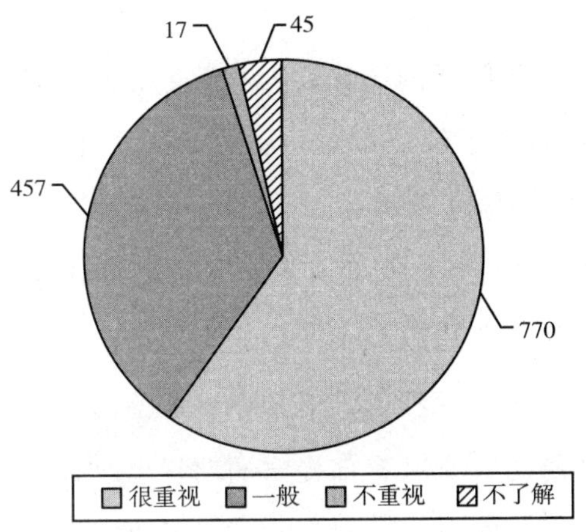

图 10－1　大学生对于课程思政的重视程度

2. 教师层面

其次，从教师层面看。从本次调研中学生的反馈信息来看，思政教育占学期内该课程教学总体教学内容的比例为 5%～10% 的教师有 597 名，占比接近半数，为 46.31%；在课程内穿插思政内容比例为 10%～15% 的专业课教师有 370 名，占比为 28.7%；思政内容占比达到 15%～20% 的教师有 213 名，占比为 16.52%。以每组中位数：2.5%、7.5%、12.5%、17.5% 可得，教师所穿插的思政内容平均占比为 10.16%，属于较为适中的水平。由此可见，在经济类课程教学过程中，大部分老师都能够在专业课课堂上有意识地穿插思政内容。但同时从本次调研数据来看，也显示有 8.46% 的教师课程思政内容占总体教学内容的比例低于 5%，课程思政内容比例偏低。具体详见图 10－2。

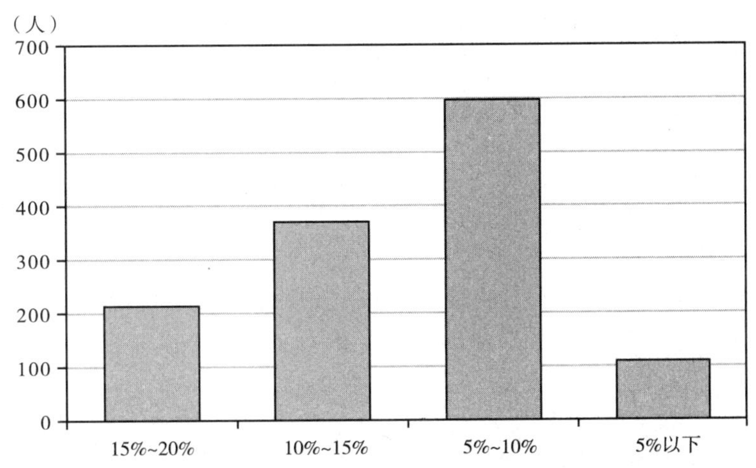

图 10－2　教师教授经济类课程中思政内容占总课程内容比例

3. 学生层面

第三，从学生层面看。从问卷的统计数据及学生们的反馈来看，对思政教育的了解程度为“大概了解”和“稍微了解”的学生占比较大，比例为 52.99% 及 29.71%。对思政教育“非常了解”的只占 14.90%，2.40% 的学生表示“完全不了解”，具体情况详见图 10－3。可见，大部分大学生对课程思政教育的概念与理念仅仅是一知半解，不少大学生对传统思政教育和课程思政教育的概念有所混淆，大部分同学对于思政教育的概念还是停留在传统的思政教育课程上，例如思想道德修养、马克思主义哲学、毛泽东思想概论等，并未完全掌握近年来教育部提出的课程思政教育的概念。这显示，当代大学生对思政教育处于普遍忽视的状态，即使学校大力推广、教师有意识引导的情况下，但是由于兴趣缺乏、审美疲劳等原因导致学生们了解思政内容的欲望缺乏。

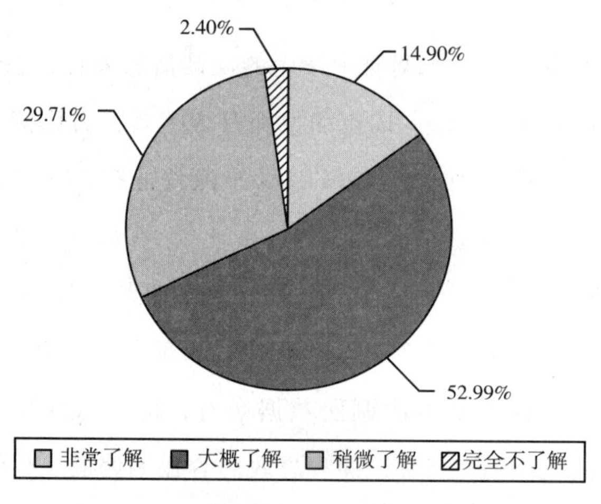

图 10－3　大学生对课程思政的了解程度

（二）课程思政教育模式呈现多样化，案例型模式效果较佳

问卷数据显示，在目前高校的经济类课程教学中，授课教师的思政教育能够做到模式的多样化，充分结合多种教学模式。其中，案例型教学方式比较受到教师的青睐，有 930 名教师在思政教学中采用了案例型授课模式，占比达到 30.68%；采用话题型这一教学模式的教师有 827 名，占比达到 27.28%，位居第二；结合个人经验分享型的教师占比达到 21.68%，有 657 名；而采用传统说教型的教师占比则相对较低，有 617 名，占比为 20.36%。具体情况如图 10－4 所示。

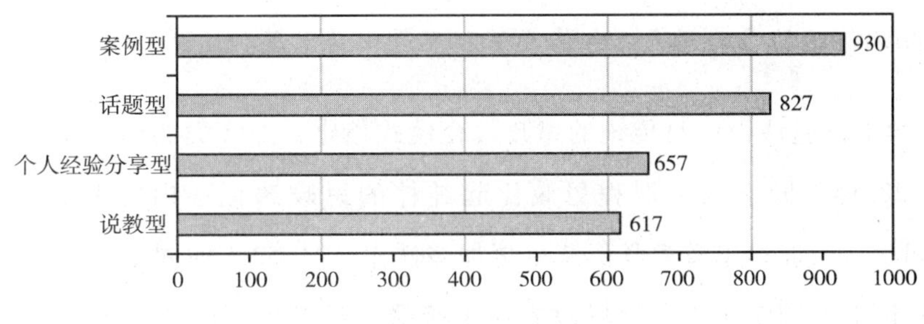

图 10－4 经济类课程教师思政模式汇总

（三）大多数学生认为目前经济类课程思政教学效果良好，但有待继续提升

问卷数据显示，经济类课程思政的课堂反响较为良好。认为都能积极响应的受访学生有 371 人，所占比重为 28.78%；认为能做到认真聆听的受访学生有 615 人，所占比重为 47.71%；而认为课程反响一般的同学也达到了 283 人，所占比重为 21.96%；认为大家都漠不关心的受访学生有 20 人，所占比重为 1.55%。可见，虽然大部分同学都能够积极参与课堂思政，但是仍有部分课程反响一般。

同时，认为经济类课程中的思政教育对个人提升效果非常好的同学有 426 人，所占比重为 33.05%；认为效果较好的同学有 563 人，所占比重为 43.68%，认为效果“非常好”与“较好”的同学合计 989 人，比重为 76.72%；认为效果一般的同学有 285 人，所占比重为 22.11%；而认为思政教育对个人提升效果较差或完全没有结果的同学有 15 人，所占比重为 1.16%。这说明，大部分同学们认为课程思政能够取得良好的效果，课程思政的实施反响良好。具体情况如图 10－5 所示。

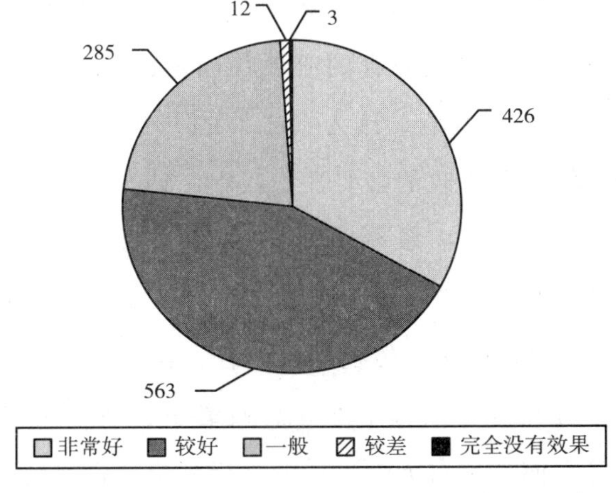

图 10－5 学生对课程思政的效果评价

（四）相比传统的思政模式，经济类课程思政优势显著

同时，学生普遍认为：与传统的思政教育模式相比，经济类课程中穿插思政教育优势明显，近28.14%同学认为课程思政比起纯粹的思政课程在内容上更加丰富多彩，27.16%的同学认为课程思政教学形式也更加多样化，21.53%的同学认为其更具有吸引力。23.17%以上的同学认为课程思政更易于接受，对思政内容的印象更为深刻。同学们较大程度上对经济类课程中思政教育的认可，也说明，同学们的思想也在逐渐新颖化，愿意接受不同形式的思政教育，来提高个人思想品德。相较于传统的思政模式，由专业任课教师进行的思政教育更贴合该专业学生的需求，在经济类课程中由老师进行思政教育，会对学生进行从业规范、专业法律法规等专业相关思政教育，让同学们更加感同身受，也会提升学生们对思政方面的认识，从而更好地融入社会，适应行业要求。具体情况如图10-6所示。

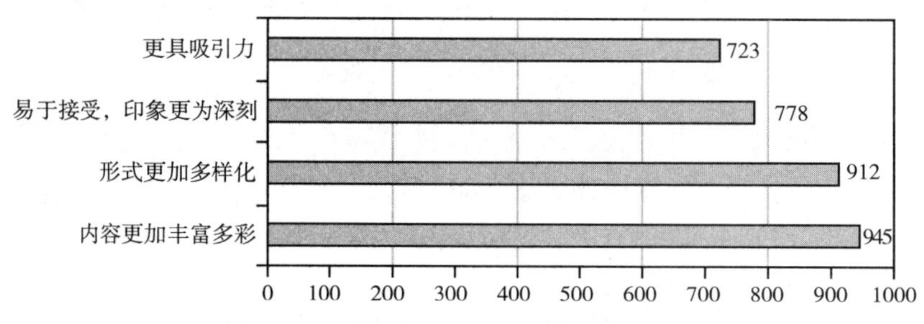

图10-6 课程思政相比传统思政模式的优势

（五）大多数学生认识到课程思政的重要性，“三观”教育需求大

在涉及学生对经济类课程思政教育的必要性问题时，有64%的同学认为非常有必要在经济类课程中穿插思政教育，认为有必要的同学占36%。由此可见，大部分同学都能够认识到经济类课程思政的必要性。其中，认为“三观”教育（含恋爱观）需要得到重视的同学有909位，需求率为25.08%；认为儒释道与程朱理学等中国传统文化的教育需要得到重视的同学需求率约为23.40%；同学们对职业精神与道德教育的思政内容需求率约为22.85%。传统思政教育，比较侧重于历史教育、马列主义思想教育，因此，学生对经济类课程中加入思政教育的理解和需求就也体现在人生观、世界观、价值观等方面，这与大学生毕业之后的素质需求比较相匹配。具体情况如图10-7所示。

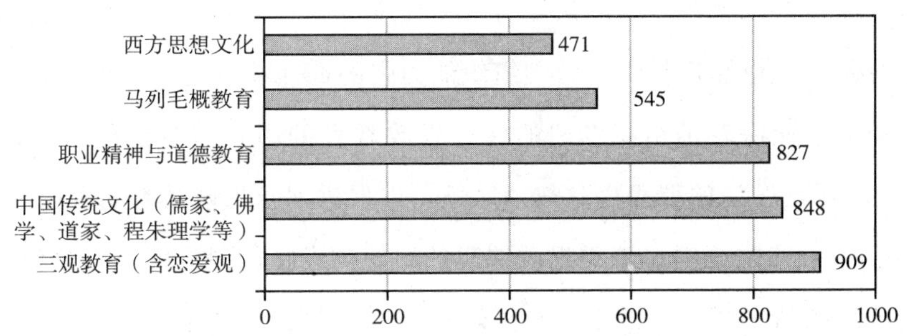

图 10－7 学生对经济类课程思政内容的需求

四、提升我国高校经济类课程思政教学效果的主要对策建议

上述调研结果分析表明，在国家关于充分加强高校思政教育的政策方针指引与各、省、市行政区教育部门的带领下，高校思政教育的普及程度和影响力得到大幅的提高与发展，越来越多的专业教师正在不断进行课程思政的尝试，探索如何将课程内容与思政教育巧妙结合起来，实现“教书”与“育人”的有机统一。在实践的过程中，教师发挥了教育教学过程中的主导作用，帮助学生完成了认知体系的建设，对学生三观的培养起到了积极的作用，为学生今后的工作与生活提供了正向引导。但在课程思政的重视程度、授课模式、教学效果等方面也存在一些尚待改进和提升的方面。针对上述问题，我们认为有必要着力构建学校、教师、学生“三位一体”的课程思政教学模式，继续强化经济类课程思政教育。具体可从以下几个方面加以改进：

1. 学校需进一步重视和加强课程思政管理，严抓落实课程思政教育

作为高校思想政治工作的创新理念，课程思政回答了新时代“如何实现立德树人”这一根本问题，凸显了各类课程的思政育人功能，有助于实现全员、全过程、全方位的“三全”育人理念，从而更好地落实了新时代高等教育的根本任务。学校是教学活动的组织者与统筹者，是高校思政教育的领航者，学校层面对课程思政教育的重视程度与组织管理在很大程度上决定了课程思政是否有着良好的成长空间与发展潜力。因此，高校各级管理部门都应该高度重视课程思政教育，尤其是经济类课程教育，需加强对课程思政的组织与管理，对课程思政教育进行严抓落实。

2. 加强教师课程思政教育意识，合力打造德才兼备的课程思政教师队伍

教师是课程思政的施教者、实施者，因此，课堂思政教育的落实源于教师，学校应

进一步提高老师对课堂思政教学的认知与重视程度。同时，办好思政课，还需要打造一支思想品质过硬、专业知识扎实、教学组织能力强的德才兼备的课程思政教师队伍，高校可有计划地对专业课教师组织专门的课程思政教育的内容与方法的培训，打造一支“政治要硬、本领要强”的课程思政教师队伍，以促进课堂思政教育的发展。

3. 教师需进一步加强对经济类思政课程的组织与设计，提升课程思政效果

在社会传统的认知中，经济学是专门研究人类经济活动的规律，即价值的创造、转化与实现规律的专门学科，其主要任务是如何实现资源的有效配置与充分利用。而作为意识形态的看不见、摸不着的思政教育内容很难找到与经济学的结合点，两者似乎没有多大关联性。因此，目前，大多数高校思政课教学仍采用传统的讲授法，学生只能被动地接受思想政治理论的灌输，这也给课程思政效果的提升带来了一定难度。因此，想要更好地将思政内容融入专业课程，对于经济类专业课教师具有一定的难度。从我们的调查结果中可以发现，思政内容在专业课程中，普遍存在穿插占比较小、关联程度一般、能对此作出积极反馈的学生比重较少等问题。这都表明了课程思政的效果欠佳，有待继续提升。其中，如何优化课程政治的设计，有效地合理组织课程思政教学，将经济类专业知识与思政教育有机地结合起来，将思政教育的元素巧妙地融于相关专业知识的讲授中，这对于提升课程思政效果非常关键。

4. 优化课程思政教学模式，积极营造学生乐于接受的课程思政教学环境

教师在课程思政教学中需实现“三项关注”，即关注学生对教学内容的需求；关注学生对教学方法的需求；关注学生对教学话语的需求。课程思政教学方式的科学采用有助于学生对教学内容的内化，当学生逐渐对思政教学内容的产生兴趣时，教师会得到更多的积极回馈，从而增加教师的教学信心，更好地提升教学效果，得到学生的正向评价，实现一种教学过程的良性循环，使思政教育效果不断提升。从调研情况来看，案例教学与话题型教学是令学生比较容易接受和融入的、比较有效的课程思政教学方式，专业课教师可有意识地结合专业知识点，将思政教育的元素巧妙地融于其中。

5. 提高学生对课程思政教育的认知，加强学生的思政教育参与意识

学生是教育的接受者、参与者，也是课程思政的主体。因此，从某种程度上来看，课程思政不仅需要老师在课程中的讲授与结合，更需要学生的积极配合与互动。由于在高校课堂教育中普遍采用大课堂教学，教师无暇监督所有学生，被动式的学习方式是导致学生课程思政参与率较低的重要因素。因此，要想真正地通过课程思政来提升学生的

综合素质，还需要学生具有高度的自律意识，必须让学生充分认知思政教育的重要性以及提升自我素质的必要性，不断提高学生对知识学习的主动性和思政教育的参与意识，并将之内化于自己的精神世界、落实于日常的生活与学习中，如此，课程思政教育的根本目的才能得以有效实现。

参考文献

[1] 虞丽娟．发挥课堂教学主渠道作用［N］．中国教育报，2017-07-06.

[2] 虞丽娟．从“思政课程”走向“课程思政”［N］．光明日报，2017-07-20.

[3] 李国娟．构建“同向同行、协同育人”新机制［J］．红旗文稿，2017（12）：21-23.

[4] 高德毅，宗爱东．从思政课程到课程思政：从战略高度构建高校思想政治教育课程体系［J］．中国高等教育，2017（1）：43-46.

[5] 高锡文．基于协同育人的高校课程思政工作模式研究——以上海高校改革实践为例［J］．学校党建与思想教育，2017（24）：25-30.

[6] 何红娟．“思政课程”到“课程思政”发展的内在逻辑及建构策略［J］．思想政治教育研究，2017（10）：60-64.

[7] 赵鸣歧．高校专业类课程推进“课程思政”建设的基本原则、任务与标准［J］．思想政治课研究，2018（5）：86-90.

[8] 聂迎娉，傅安洲．课程思政：大学通识教育改革新视角［J］．大学教育科学，2018（5）：38-43.

[9] 赵继伟．关于“思政课程”与“课程思政”辩证关系的思考［J］．思想政治课研究，2018（5）：51-55.

[10] 柯勤飞．融合创新打造课程思政“金课”［N］．中国教育报，2019-01-07.

[11] 胡洪彬．课程思政：从理论基础到制度构建［J］．重庆高教研究，2019（1）：112-120.

[12] 赵晖．高校“课程思政”建设的优化路径［J］．中共太原市为党校学报，2019（2）：42-46.

[13] 伍醒，顾建民．“课程思政”理念的历史逻辑、制度诉求与行动路向［J］.

大学教育科学，2019（3）：54－60.

［14］王红乾．新时代高校“课程思政”教育的改革创新［J］．河南教育（高教），2019（12）：73－76.

［15］邵运文．网络教学模式下的专业课课程思政教学实践——以投资学专业课程为例［J］．高教学刊，2019（25）：35－39.

［16］董勇．论从思政课程到课程思政的价值内涵［J］．思想政治教育研究，2018（5）：56－70.

［17］陆道坤．课程思政推行中若干核心问题及解决思路——基于专业课程思政的探讨［J］．思想理论教育，2018（3）：25－29.

［18］敖祖辉，王瑶．高校“课程思政”的价值内核及其实践路径选择研究［J］．黑龙江高教研究，2019（3）：128－132.

［19］文希．基于关联矩阵的高校教师绩效考核分析［J］．湖南社会科学，2010（4）：216－218.

［20］路佳佳．关联矩阵法在高校教师绩效考核中的应用［J］．经贸实践，2015（14）：222－227.

附件：

关于高校经济类课程中思政教育效用的调查问卷

亲爱的同学，您好！非常感谢您参加我们本次经济类课程思政教育的问卷调查。近年来，教育部大力提倡课程思政教育，很多高校也非常重视这一问题，本问卷调查的目的在于了解全国高校经济类课程中进行思政教育的整体情况与效用。本问卷全部采取匿名方式，您可根据自身情况与意见如实作答，不会对您的利益与声誉产生任何影响，敬请放心！

（注：本问卷所指的经济类课程思政区别于传统的毛概、思修等专门的思政课程，主要指贯穿于经济类课程的思政教学，一般是由专业授课教师把握思政教学的内容与形式。思政教育内容包括爱国主义教育、集体主义教育、三观教育、道德修养、心理素质、职业精神等方面。）

一、个人情况

1. 您目前就读的学校为（　　）：［填空题］*

2. 您目前所在的年级：[单选题]*

○大一 ○大二 ○大三 ○大四 ○研究生

3. 您的专业类别是：[单选题]*

○文史哲类 ○理工类 ○经管类 ○教育医学类

○军事法学类 ○艺术类 ○其他

4. 您就读院校属于：[单选题]*

○985 高校 ○211 高校 ○双非院校 ○其他

5. 您对思政教育的了解程度是：[单选题]*

○非常了解 ○大概了解 ○稍微了解 ○完全不了解

6. 您所在的学校对于经济类课程思政教育的重视程度如何？[单选题]*

○很重视 ○较重视 ○一般 ○不太重视

二、课程信息

请填写一门让您印象深刻（好坏皆可）的经济类课程的主要信息。

7. 课程性质：[单选题]*

○必修 ○选修

8. 该课程教师的年龄段大致为：[单选题]*

○青年 ○中年 ○老年

9. 您对该教师的总体印象如何？[单选题]*

○很好 ○一般 ○不好 ○很不好

三、专业课思政教育方式

10. 在经济类专业课教学中，授课教师的思政教育主要采取哪种形式？[多选题]*

□案例型 □话题型 □说教型 □个人经验分享型

□其他________

11. 在授课过程中，思政教育占学期内该课程总体内容的比例约为？[单选题]*

○5%以下 ○5%~10% ○10%~15% ○15%~20%

12. 该教师思政教育与专业课教学之间的关联程度如何？[单选题]*

○很强 ○较强 ○一般 ○较弱 ○无关联

四、效果评价

13. 您认为经济类课程中的思政教育对个人思想道德的提升效果如何？[单选题]*

○非常好 ○较好 ○一般 ○较差 ○完全没有效果

14. 您认为类经济课程中的思想教育对您个人的哪些方面有所提升？[多选题]*

□三观（包含恋爱观）更为规范与端正

□爱国精神与社会责任感增强，更加关心时事政治

□更加孝敬父母、尊师重教、尊老爱幼

□更加热爱社会与生活，关心他人

□个人心理素质提高，受挫能力增强

□人生目标更为明确，学习更加认真努力

□对职业精神有更多的了解，职业规划更为明晰

□其他________

15. 您认为经济类课程中的思政教育的整体课堂效果如何？[单选题]*

○同学们积极响应 ○同学们认真聆听 ○反响一般

○大家都漠不关心

16. 您认为经济课程中穿插思政教育与传统的思政教育相比，其优点主要在于：[多选题]*

□内容更加丰富多彩

□形式更加多样化

□更具吸引力

□易于接受，印象更为深刻

□其他________

五、改进建议

17. 您认为在经济类课程中穿插思政教育是否有必要？[单选题]*

○非常有必要 ○有必要 ○没必要 ○无所谓

18. 您认为思政教育在经济类专业课的合理占比为：[单选题]*

○5%以下 ○5%~10% ○10%~15% ○15%~20% ○其他

19. 在目前的思政类教育中，您更倾向于或更喜欢哪些方面的教育？[多选题]*

□马列毛概教育

□中国传统文化（儒家、佛学、道家、程朱理学等）

□西方思想文化

□三观教育（含恋爱观）

□职业精神与道德教育

□其他________

20. 您对经济类课程中思政教育有什么好的建议和意见？［填空题］

____

11　智能理财驱动下的金融理财教学改革

伦晓波

摘要： 金融理财与互联网、科技的融合发展已是必然趋势，由此催生的智能理财阶段已拉开序幕。随着金融理财行业的不断发展，对人才的需求也有所改变，因此金融理财的教学内容与方式也应该进行改革，以适应市场需求。本文先分析智能理财的发展，接着分析智能理财驱动下的金融理财行业人才需求，最后给出金融理财教学改革的建议。

关键词： 智能理财；金融理财行业；教学改革

一、引言

随着金融市场的不断完善和科学技术的不断进步，二者的融合也日益紧密、逐步升级，催生出新的概念——智能理财。智能理财是新兴技术与金融理财的最新交汇，在全球范围内有不同程度的发展。智能理财市场的兴起与壮大将产生新的专业人才的需求，在技术、推广和服务方面都将有新的要求。为适应金融理财行业人才需求的变化，金融理财的教学需要做出相应的改革。

二、智能理财的含义与发展趋势

（一）智能理财的含义

智能理财是一种结合人工智能、大数据、云计算等新兴技术以及现代投资组合理论的在线投资理财服务模式，在了解用户画像、明晰用户需求和理解金融产品的基础上，以非完全人工的方式，智能化、专业化、个性化地为用户提供各类投资理财相关服务。

"智能"就在于机器程序代替人工完成了大量计算工作并实现自动买卖及跟踪调仓操作，既辅助用户进行理财决策、进行投资者适当性管理，又提供账户咨询、市场解读、产品对比等投资者教育服务，运用科技手段为客户投资理财。

智能理财无门槛或较低，费率在0.25%左右，且投资过程、费用交割等信息对用户实时公开，完全透明，比传统理财的投资门槛低、费率低、透明化程度高。智能理财全程均可以在互联网上实现，不仅能高效、精准为客户提供服务，还能"7×24"地随时响应客户需求。

（二）智能理财的发展趋势

1. 全球概况

随着金融行业的不断发展以及科学技术的不断提升，尽管各个国家金融行业的发展历程和当前情况不同，但都会走向智能理财之路。这是时代发展的必然结果，当前还没有智能理财技术的国家会逐步建立起来，智能理财已开始发展的国家智能化水平会进一步提高。

美国是全球最早发展智能理财的国家，以智能投顾为主要业务形态，政策、市场和需求等多方面因素影响下，智能理财发展空间大。由于2015年前后美国传统金融机构争相布局智能投顾业务，美国智能理财市场规模快速增长，预计未来传统金融机构仍在智能理财市场占据主导地位。根据Statista预测，美国智能投顾资产管理规模2022年将达到12525亿美元。

英国的智能理财在监管与技术的双重推动下，也获得了一些发展。2016年监管认可智能化技术对理财市场的积极作用，各路资本纷纷涌入，新兴公司不断涌现，传统金融机构也陆续进入市场，英国智能理财市场迎来爆发。2018年，英国首相表示正致力于将英国打造成人工智能的全球中心，英国对人工智能的高度重视进一步促进其智能理财行业发展。对于未来的发展趋势，预计监管方面会进一步鼓励智能理财的发展，技术方面也将有提高，智能理财的市场规模将逐步扩大。

2. 国内情况

国内智能理财产品集中爆发于2014年、2015年间，目前尚处于起步阶段。一方面，2018年以来，理财行业"去刚兑"趋势下，中国的理财用户需要更加谨慎地选择理财产品，客户成熟度的上升为智能理财的良性发展创造环境。另一方面，随着智能理财在推广过程中对资产管理意识的教育普及，客户资产管理意识不断加强，形成良性循环，反过来提高对智能理财的关注度。

综合目前中国国内金融理财市场的情况，智能理财仍面临一些挑战。例如监管的限制：智能理财涉及投资咨询、产品销售、资产管理三块业务，而不同于美国的混业经营模式，国内这三块牌照分别发放和监管。另外智能理财的资产配置决策都是建立在用户数据的基础之上。国外成熟市场往往只需要用户授权金融机构便能接入用户数据，而国内金融数据不得提供给第三方，金融数据与其他数据库也不能有效融合，这为智能理财增加了难点。

智能理财对于数据的需求十分强烈，驱动着各个机构开放平台、共享数据，以便获得更多的数据来进行用户需求分析，通过对所有用户数据的整合加工，来为客户提供更合适的理财服务。另外，智能理财在我国的发展历史较短，客户成熟度虽有上升，但仍有不少投资者对智能理财与互联网理财的区别认知不足，且部分年龄较大的理财用户仍偏好传统理财，因此投资者教育仍将是我国智能理财需要重视的因素。未来，随着监管层的进一步支持、行业竞争程度增加、数据与技术的快速发展和理财用户的激增，中国智能理财服务将进一步升级。

三、智能理财驱动下的金融理财行业人才需求

（一）技术人才

智能理财与传统理财的最大区别在于运用科技手段代替人工作业，这对技术的要求很高。传统理财以产品为导向，更偏向营销，而不是以客户为导向，根据不同客户的独特需求来开展理财服务，传统理财的金融人才缺乏客户思维。传统理财下培养的人才掌握的是单一金融学知识，而既懂金融又懂科技的复合型人才非常少。另外，互联网技术的发展日新月异，传统理财的人才也难以紧跟步伐。智能理财市场的规模将会逐步扩大，需要更多的数据搜集、处理和分析程序，需要开发更多的匹配用户需求的产品，需要更多专业人才进行系统开发与维护，因此对智能理财专业技术人才需求的增加是显而易见的。

（二）推广人才

目前我国智能理财还在起步阶段，仍有大量投资者对智能理财缺乏认识甚至是有误解。大量P2P平台暴雷、中国银行等被开百万级罚单等金融市场的负面消息，对金融理财客户的影响不小。智能理财用科技取代人工，容易被投资者们误认为是一般的互联网理财，让部分投资者产生抗拒心理。因此，智能理财需要相应的专业推广人才，向大众普及智能理财的含义、宣传智能理财的优势，以促进智能理财市场规模扩大。

（三）服务人才

传统理财的服务人才是营业网点的销售人员或投资咨询人才，他们向客户推广所在机构销售的金融理财产品或提供投资咨询服务。智能理财虽然不再需要大量的人工进行投资咨询和产品销售，但也需要专业的服务人员为用户答疑解惑。例如，程序的使用方式、各环节的意义等，需要线上服务人才随时为用户提供答案。这些服务人才不是一般客服，而是需要掌握智能理财相关知识的专业人才。

四、推进金融理财教学改革的建议

（一）及时更新教学内容与方式

金融理财行业已开始发展智能理财，然而在金融理财的教学内容中涉及互联网金融的都不多，更不用说智能理财了。金融理财的教学应该与时俱进，培养出紧跟时代步伐的专业人才。一方面，教学内容要紧跟金融市场的发展，除了对传统理财产品和理财途径等内容的教学，应该及时加入新兴理财产品与理财方式等内容的教学，例如加入智能理财的知识等，增加学生对当前金融市场的学习和了解。另外，传统理财下的人才培养更注重产品宣传，但是智能理财下要培养学生的客户导向思维，除了了解理财产品，还要注重学习分析客户需求，选择相应产品以适应客户需求。另一方面，教学方式也应该有所创新，培养出适应市场需求的专业人才。例如运用人工智能进行教学，通过线上线下相结合的方式，更加形象生动地向学生展示教学内容的同时，增加学生学习的趣味性，让学生更有效地吸收知识。

（二）培养复合型人才

根据目前金融理财行业对复合型人才的需求，有针对性地进行复合型人才培养。一方面，培养金融与科技的复合型人才。智能理财虽在起步阶段，但金融与科技的融合势不可挡，智能理财未来的发展前景一片光明。而目前金融理财的教学只注重金融理财知识，与科技的结合非常少，不能顺应市场的发展。因此建议金融理财的教学中加入新兴技术以及二者结合的教学，培养金融科技人才。另一方面，培养金融专业与营销推广的复合型人才。目前的智能理财市场有待进一步挖掘客户、拓展渠道、扩大规模，应该在金融理财的教学中加入营销的因素，让学生掌握金融理财知识的同时，学会推广金融理财市场的新产品、新方式，让广大投资者们及时准确地了解金融理财市场的信息，促进智能理财的发展。

（三）更加注重实践

“纸上得来终觉浅，绝知此事要躬行”，理论要联系实际才能更好地发挥作用，因此本文金融理财的教学提出两点建议。第一，增加实践课程，目前教学中也有一些实践课程，如模拟炒股、银行实操等，但这些实践存在内容单一、落后的问题。金融理财的实践教学数量和类别都应该有所增加，比如增加智能理财的程序运用，让学生真实地感受金融理财市场的创新，掌握前沿信息。第二，加强对学生进行课外实践的鼓励与要求，例如加大奖励参加金融理财科创竞赛的学生，要求学生进行金融理财相关实习等。课上、课下两手抓，提高学生对当前金融理财市场的了解，督促学生顺应市场发展需求，更好地为智能理财培养相匹配人才。

参考文献

［1］智能理财 4.0：全球智能理财服务分级白皮书，2019 年［C］. 艾瑞咨询系列研究报告（2019 年第 7 期）. 上海艾瑞市场咨询有限公司，2019：735 - 798.

［2］李宁宁. 中西方智能理财的对比［J］. 财经金融，2019（11）：101 - 102.

［3］黎致雅，杨向乐，林丽珠. 智能投顾，投资理财的新时代［J］. 时代金融，2018（30）：358 - 359，362.

［4］王雅娟．智能理财的发展及商业银行应对策略［J］．清华金融评论，2016（10）：98－100．

［5］金利佳．我国智能理财业务存在的问题及发展建议——以重庆辖内银行金融机构为例［J］．中国银行业，2019（12）：41－43．

12　从招聘信息看合规与反洗钱人才需求

魏　玮　田清扬

2008 年国际金融危机以后，全球金融监管日趋严格，合规标准不断提高，对反洗钱和反恐融资重视程度不断加强。合规与反洗钱人才需求也越来越多。幸运的是，我校金融学院已经开设有合规与反洗钱这个专业方向，也使我们更加关注我们要培养什么样的合规与反洗钱人才，又应该怎么培养。对于应用型本科来说，人才市场上的招聘信息带给我们最直观的需求信息。本文希望以招聘信息的分析为基础，来了解中国合规与反洗钱人才需求，并结合当下信息时代背景，提供一点合规与反洗钱人才培养的建议。

一、招聘信息分析

本文选取前程无忧、Boss 直聘、猎聘和拉勾 4 家学生经常用的招聘网站，借助 Python 软件“八爪鱼”，抓取 2020 年 3 ~4 月，关键词是合规和/或反洗钱的信息，排除重复信息，一共采集并整理出了 900 多条合规与反洗钱人才需求数据。其中，大部分都是社会招聘，而非专门针对应届生的招聘，当然社会招聘中，也有很多招聘需求不限制工作经验时间，即应届生也不排除在招聘范围外。另外，也可以发现，合规和反洗钱的专门实习需求并不多。具体情况如表 12 -1 所示。

表 12 -1　　招聘信息分类 - 社会招聘

招聘分类	社会招聘	应届生招聘	实习生招聘
信息条数	886	93	33

（一）社会招聘信息分析

1. 行业分布

社会招聘的公司，往往缺什么招什么，因此每条招聘信息往往只对应 1 个招聘职位。对社招公司的行业进行分类，合规和/或反洗钱人才需求大多集中在金融行业。具体情况如表 12－2 所示。

表 12－2　招聘信息行业分类－社会招聘

行业	招聘条目	占比	主要细分行业	典型企业
金融	544	61.4%	保险、证券、银行、支付	平安、太平、兴业证券
互联网	132	14.9%	综合、直播、互联网科技	腾讯、阿里、百度
信息科技	96	10.8%	软件开发、金融科技	同花顺、平安科技
通讯	16	1.8%	手机、系统集成	华为、小米、Vivo
管理咨询	16	1.8%	综合、供应链、互联网	埃森哲
医药	14	1.6%	医院、药品、试剂	复星、丽珠、同仁堂
商贸	10	1.1%	家电、家居	苏宁、美凯龙
其他行业	58	6.5%		贝壳、自如、人民网等
总计	886	100.0%		

金融行业对合规和/或反洗钱人才的需求覆盖几乎所有细分行业，其中保险招聘条目 165 条，占所有金融行业需求的 30.3%；证券 151 条，占 27.8%；银行 36 条，占 6.6%；支付 35 条，占 6.4%。互联网行业已经不再是传统的互联网电子商务，互联网对合规和/或反洗钱人才需求也覆盖互联网的方方面面。表中所列“综合”，主要指的是腾讯、百度、阿里、网易这样的综合性互联网巨头，它们的业务范围早已从原始的社交、搜索、电商拓展到互联网所能涉及的全部领域，招聘条目 46 条，占比 34.1%；直播 21 条，占 15.9%，互联网科技公司，例如提供出行服务的滴滴，提供下载服务的迅雷等。信息科技领域和其他领域交叉很多，除了常规的软件开发、应用开发、网络运营维护外，很多信息科技公司与第三方支付公司合作，开发支付系统、金融系统，即可以属于金融科技细分领域的招聘需求达到 28 条，占比达到 29.2%。在其他行业中，招聘需求分布非常广泛，既包括知名的如贝壳、自如这样的房地产中介机构，也有律所、智能家居等，还有健身连锁、母婴用品这样的公司，可以说对合规与反洗钱人才的需求已经渗透进各行各业。只要与钱有关的，都有可能有需求。

2. 地域分布

从地域分布来看、北上广和江浙闽占据绝对优势，四川和湖北作为两个中部战略重要地区也有较多招聘条目，经济的较快增长带来合规与反洗钱人才需求。具体情况如表 12－3 所示。

表 12－3　　招聘信息地域分布－社会招聘

地区	广东	上海	北京	浙江	江苏	福建	四川	湖北	其他	合计
条目	189	182	175	79	43	25	22	19	152	886
占比	21.4%	20.6%	19.8%	8.9%	4.9%	2.8%	2.5%	2.1%	17.1%	100%

3. 岗位及要求

招聘岗位名目众多，包括合规审计经理、风险合规管理、合规项目专员、安全合规岗、安全合规监察督导、合规内容风险策略专家、合规数据支持、安全和隐私合规专员、合规助理、数据合规方向法律专员、反洗钱、反洗钱高级咨询员、反洗钱风险挖掘工程师等。总的说来，每个行业每个公司根据自己个性化的需要，对合规与反洗钱岗位有更进一步的职责要求，包括与合规与反洗钱有关的 IT、法律、金融、管理等方面。从要求的工作经验年限来看，虽然不是专门针对毕业生的招聘，但可以发现，有 15.4%即 133 条招聘并未要求工作年限，应届毕业生完全可以去尝试应聘。另外，要求 3～5 年工作经验的招聘条目占比最多。具体情况如表 12－4 所示。

表 12－4　　招聘岗位年限要求－社会招聘

工作经验要求	不限	1～3 年	3～5 年	5 年以上	合计
招聘条目	133	168	429	136	866
占比	15.4%	19.4%	49.5%	15.7%	100%

不同的工作年限，给出的工资范围也不一样。不限工作年限的招聘启示，工资分布范围较宽，以 4000～6000 元分布较多；要求 1～3 年工作年限的，6000～8000 元分布较多；要求 3～5 年工作年限的，10000～15000 元分布较多；要求 5 年以上工作年限的，很多是面议，接下来就是 20000～40000 元的区间。可见工作经验长短对薪酬有直接影响。专业要求上，要求法律、金融相关专业居多。

（二）校园招聘信息分析

1. 行业分布

校园招聘的行业分布情况如表 12－5 所示。

表 12－5　　招聘信息行业分类－校园招聘

行业	招聘条目	占比	主要细分行业	典型企业
金融	63	68.5%	保险、贷款、互联网金融	上海人寿、平安普惠、蚂蚁金服
信息科技	8	8.7%	金融科技、软件开发	金链汇信、橙子网络
其他	22	23.7%	房地产、管理咨询等	
合计	93	100%		

2. 地域分布

从地域分布来看，北上广和江浙闽占据绝对优势，湖北作为中部战略重要地区也有略多招聘条目，辽宁也有3条。经济的较快增长带来合规与反洗钱人才需求。

校园招聘的地域分布情况如表12－6所示。

表12－6　　招聘信息地域分布－校园招聘

地区	北京	上海	江苏	广东	湖北	浙江	福建	辽宁	其他
条目	26	17	10	9	6	5	3	3	13
占比	28.3%	18.5%	10.9%	9.8%	6.5%	5.4%	3.3%	3.3%	14.1%

3. 岗位及要求

针对应届生的岗位主要是合规专员、合规与反洗钱岗、反洗钱岗、合规岗、风控合规岗，都与合规与反洗钱紧密相关。岗位薪资大都集中在4000～8000元。专业多数要求法律、金融等相关专业。

二、岗位要求技能分析

（一）应届生工作岗位描述

对具体招聘要求进行案例分析，如合众人寿保险股份有限公司（北京）反洗钱岗的职位信息及任职要求如下：

岗位职责：

1. 处理日常反洗钱工作；
2. 开展反洗钱宣传培训工作；
3. 撰写反洗钱工作报告，按时向监管机关报送各类监管报表；
4. 答复机构合规人员有关反洗钱工作的咨询，指导机构分析识别可疑交易；
5. 根据工作计划，对分支机构的反洗钱工作实施内部检查；
6. 分析总结系统反洗钱外部监管采取措施情况，防控反洗钱风险；
7. 协助配合监管机构、行政执法或司法机关进行反洗钱检查或调查工作。

任职条件：

1. 法学类、审计类专业毕业；
2. 具有较强的沟通与表达能力，能熟练运用办公软件；

3. 认同保险理念，愿意在行业长期发展。

职能类别：合规主管/专员大学/大专应届毕业生

可见合规与反洗钱岗位工作与法律法规联系紧密，对学校层次要求不高，对技能也没有特殊要求。

（二）社会招聘工作岗位描述

以兴业证券股份有限公司广东分公司的合规风控岗（江门）为例，具体岗位描述如下：

岗位职责：

1. 负责落实公司对合规管理、风险管理的工作要求，将总部的合规与风险管理要求具体分解落实到分公司各项业务中；

2. 根据法律、法规和准则以及监管政策变化和公司规章制度，及时评估其对合规与风险管理工作的影响，制订、修订、完善分公司合规与风险管理制度和相关操作流程；

3. 组织开展分公司合规审核、合规培训，做好合规审核及培训记录等，规范员工及经纪人执业行为；

4. 对分公司本部及下属分支机构经营管理、制度执行情况等进行监督检查，定期或不定期开展合规风控自查或调查，并将相关情况向公司合规与风险管理相关部门报告；

5. 及时组织调查与核实分公司投诉、举报信息，并将调查处理情况报公司总部业务牵头部门、合规与风险管理相关部门；

6. 按照监管部门、自律组织及公司内控部门要求，指导督促分公司做好客户适当性管理、投资者教育、整非、客户回访等相关工作；

7. 督促指导做好客户异常交易和融资类业务等的监控，加强对交易所重点账户、重点监控股票、创业板、风险警示板、退市整理期股票及高风险警示业务的监控，督促指导做好新股、基金、债券质押式回购、金融产品代销、营销人员（含证券投资顾问、经纪人）等的日常监控；

8. 组织开展反洗钱工作，包括但不限于客户身份识别、风险等级划分、大额和可疑交易报告与洗钱风险自评估工作；组织开展反洗钱培训宣传；

9. 负责对分公司及下辖分支机构合规风控人员的日常管理，并根据公司要求协助做好合规风控人员的考核工作；

任职资格：

1. 综合素质要求：具有较强的写作能力、沟通协调能力和逻辑思维能力，良好的抗压能力，团队合作精神，责任心强；

2. 工作经历与从业年限要求：3 年及以上证券、金融、会计等相关工作经验，具有证券行业运营管理或合规工作经验者优先，了解证券公司主要业务、熟悉国家相关政策法规；

3. 从业资格要求：具有证券从业资格；

4. 学历要求：全日制本科及以上学历，法律等相关专业。

职能类别：风险控制、风险管理/控制

社会招聘要求有行业经验，同样要求对法规政策有较深了解，具备较强的沟通协调表达能力。

三、目前合规与反洗钱方向学生现状

目前合规与反洗钱专业方向学生，专业属于金融学，主干课程包括金融学、投资学、商业银行学、中央银行与金融监管、公司金融、国际金融、金融工程学等。合规与反洗钱专有课程包括商业银行合规与风险管理、反洗钱与反恐融资国际合规基础。没有相应法律课程开设。

学生可能直到写毕业论文时才能更深理解合规与反洗钱，找工作、考研都没有专门找合规与反洗钱方向。通过与学生的交流，发现学生存在对合规工作出路的迷茫、考研方向的迷茫等问题，不知道也不了解合规与反洗钱专业方向能找到什么样的工作，又要怎么找。

四、启示和建议

其一，从招聘信息看，合规与反洗钱方向的招聘会越来越多，只要与货币、支付有关的公司都会需要合规与反洗钱人才。招聘岗位的任职要求、专业、学校没有严苛要求。这对于我们学院的合规与反洗钱方向的学生是有利的。

其二，建议为合规与反洗钱方向学生开设刑法、民法、商业银行法等课程。合规与反洗钱，从根本上来说是对法律的遵循，了解相关法律法规才能更深入了解合规与反洗钱工作做什么、怎么做。学生具备法律和金融的专业知识，又具备合规与反洗钱的专门知识，才能为他们成为专才奠定坚实基础。

其三，建议开设扩展性较强的编程课程、互联网框架通识课程。从招聘信息来看，不仅金融领域招聘合规与反洗钱人才较多，互联网、信息科技，特别是金融科技领域，处于互联网和金融的跨界领域，对合规与反洗钱人才需求也越来越大。而针对这个领域，不仅需要从业者的金融与法律的知识，也需要了解互联网框架，互联网、编程等相关课程也变得更加重要。

其四，学生需要在校期间能够更直观感受合规与反洗钱工作，建议学校能够开发合规与反洗钱实习基地，帮助学生获得更多直观感受。

其五，互联网金融领域招聘合规与反洗钱人才也较多，但最近几年，互联网金融领域的发展参差不齐、鱼龙混杂，作为在校生，很难分辨，特别是找工作越来越难的当下，我们既希望学生找到工作，也怕他们受骗去了三观不正的公司，受到不良影响，对将来职业生涯造成不利，建议学校建立金融行业公司指南，对金融行业特别是互联网金融行业以及金融科技行业的不良公司或重大风险事项建立清单，对学生求职提供避险提醒。

无论从全球整体情势还是中国经济和金融的发展态势来看，合规与反洗钱人才需求肯定是越来越多，我们学生的优势在于金融专业技能，只要补上法律法规的短板，同时积极引导，向合规与反洗钱方向就业与升学，就能在竞争中取得更大优势。

13　大数据时代金融应用型人才培养模式探析

魏　忠

摘要：在大数据金融迅猛发展的今天，各种全新的金融工具为金融市场带来了新的生机与竞争，同时高校金融专业教育教学也面临着更高更新的要求。本文在大数据及大数据金融概念的基础上，通过分析当前高校金融专业培养应用型人才的教育教学现状，寻找出其目前在教育教学方面存在的问题和不足，并提出推动高校金融专业应用型人才教育教学改革与创新发展的建议。

关键词：大数据；大数据金融；应用型人才

一、前言

数据与自然资源、人力资源一样，都是重要的战略资源，在其背后隐藏着巨大的经济利益和价值。最近几年来，大数据研究受到各界普遍关注。目前，对于“大数据”（Big Data）的定义，学界仍存在许多争议，但是关于大数据对社会经济存在广泛深远的影响，却达成一致的共识。伴随着大数据时代的来临，各国、各地区人们的组织方式、工作方式、生活方式不仅会发生变化，而且社会形态也将发生转变，并且在某些方面，这样的改变将会是颠覆性的。譬如，传统研究模式下，通常研究者和学者们研究的重点会放在事物的因果关系上，而在“大数据”思维模式下，人们更多地是要通过处理海量的数据，将研究重点转移到分析事物的相关关系上，通过验证相关关系去解决问题和做出决策。这样，研究工作就从过去研究“为什么”转变到现今研究“是什么”，这一思维的转变，不仅深刻影响着人们的生活，而且使科学研究面临着全新的挑战。

自20世纪50年代以来，现代金融学的发展十分迅速，在金融市场、公司金融、资产定价等领域建立起严谨成熟的理论体系。与其他社会科学一样，金融学在研究方法上无法通过特定的实验来进行，这就决定了金融学研究主要依靠收集现实数据和计量分析手段。数据的采集与分析，对金融学研究至关重要。在大数据时代，数据类型、来源及特征都将发生巨大变化，金融学研究也必将面临诸多变化和挑战。近年来，越来越多的金融学者将大数据思维引入了现代金融学研究中。

全球著名咨询公司——美国麦肯锡曾指出，大数据是指那些大小超过标准数据库工具软件能够收集、存储、管理和分析的数据集。随着大数据技术的迅猛发展，越来越多的金融机构开始使用大数据进行业务创新。大数据金融是指通过整合机构化和非机构化的数据，精准分析和深入挖掘客户的交易和消费信息，掌握客户的消费习惯，并准确预测客户行为，使互联网金融机构和金融服务平台在营销和风险控制方面更加具有目的性和有效性。

面对大数据金融时代的到来，各大高校也将面临着前所未有的挑战和发展机遇，本文针对高校当前金融专业教育教学状况，找寻出在培养应用型人才模式方面存在的问题，并提出改革和创新发展的建议。

二、存在的问题

（一）理论与知识跟不上时代发展

目前大部分高校的金融学专业理论与业务知识跟不上大数据金融时代的发展步伐，未能做到及时更新，导致学生的专业知识结构不合理，学生分析和解决实际问题的能力不足。

20 世纪 90 年代以来，金融行业的发展速度越来越快，创新性极强，尤其是在与互联网融合之后，各种创新层出不穷。具体包括金融市场的创新、金融工具的创新、金融制度的创新及金融组织的创新等，主要都是在金融衍生市场上产品的推陈出新或杠杆化，这也有力地推动了金融市场全球化、世界经济一体化的发展。中国金融市场的发展当然也面临着新的挑战，中国金融学者也将面对着巨大的学习压力。尽管美国金融危机和新冠疫情引发了全球经济衰退，但是我们不能因为危机对经济造成的消极影响或经济大衰退而放慢金融方面的创新步伐，不能因噎废食。目前，国内现行的金融学专业教材和教学内容迫切需要更新，紧跟大数据时代发展的步伐。

（二）教学内容陈旧

当前高校金融专业教材内容是以过去的金融工具为主，主要讲解基本概念、特点与性质等，与大数据时代新的金融工具有着明显的不同，存在较大的差距。一些新的金融工具，譬如P2P、余额宝、众筹等金融产品，与以往金融产品在服务群体、服务目标、服务特点以及服务属性等方面都有着较大的差别，这些新金融产品所具有的普惠化、网络化、数字化的特点，是传统金融工具所缺少的。高校金融专业教学内容与现阶段金融行业发展严重脱节，不仅降低了学生的学习兴趣，也严重影响了金融应用型专业人才的培养质量。在大数据时代，金融知识更新的速度越来越快，而教科书多数是换汤不换药，书中内容陈旧。

（三）教学手段与方法落后

在观念上，我国高校有着计划经济时代教学的明显痕迹，教师仍为教学的主体，教学方式以讲授知识为主，教学方法和手段比较落后，"填鸭式"教学方法在我国高校中随处可见，且理论内容也过于陈旧缺少更新，与现实市场状况严重脱离。因此，在这种模式下培养出来的学生，综合素质一般，能力不高，难以适应具有创新性的工作，只能胜任固定式的工作，难以在未来的激烈竞争中立于不败之地。

（四）教师实践经验不足

许多年轻的教师缺少金融实务部门工作的实践经验，不能很好地将理论与实践结合起来。目前，各高校的年轻教师大多数是从学校到学校，缺少相关的实践经验，较少有教师是从企业或者金融部门到学校的，使这部分年轻教师的动手能力和实践经验先天不足。而相关的实践经验，只有通过参与实务部门岗位工作，才能获得和增加。即使高校意图直接聘请金融行业的相关人员负责教学，又会面临这些人缺少一定的理论知识和教学经验以及薪资待遇难以协定等方面的问题，只能选择放弃。这些都是导致高校教师实践能力有限的主要原因。

三、改革建议

（一）转变观念

在互联网大数据时代背景下，实现金融专业教学的改革与创新，提高专业应用型人才培养质量，首先需要积极转变教学观念。教师要改变传统的教学思想，要认识到金融人才培养不能单靠讲解专业基础理论，要改变自身在课堂上的角色，以学生为主体，强化基础理论教学，重视实践教学。在新时代背景下，教师与学生都要树立大数据金融思维发展观念，在实际教学中充分利用先进的科学技术，加强交流与沟通。同时，教师应加强学习与培训，重视各种实践活动，利用培训与实践等形式更新自身的教学理念，推动教学方法的创新。

（二）健全核心金融理论体系

高校金融专业教育教学仍在不断发展中，而基础理论的课程设置和教学内容却早已形成。在大数据互联网时代，社会发展日新月异，金融专业的课程设置和教学内容不仅要适当增加新的金融理论知识和技能，并且还应积极引进国外金融领域的最新理论和实践经验。目前，高校金融专业教育教学内容相对较为陈旧，课程间多有重复性的内容，教学内容也不够前沿，与西方发达国家相比存在较大的差距。特别是在互联网大数据时代下，金融专业教育教学内容更是落后，如果基础理论课程体系得不到完善，教育教学的创新性以及人才培养的质量就无法得到保证。所以，改革和完善课程体系，需要使用先进的科学技术和理论，积极推动创新，保留传统金融教学方面的经典内容，根据大数据金融发展的具体要求，增加网络信息科学技术、数据分析研究、风险管理控制等内容。在满足当前金融市场需求的基础上，对课程体系不断实行优化和调整，要依据不同形势的发展，融入金融中介学、金融行为学、投资理财学、金融工程、金融计量学等有关课程。此外，要重视精品课程和核心课程的建设，引入国内外前沿性内容，更好地满足学生的现实需要，确保金融专业教学内容与大数据金融发展相适应，满足金融市场的需求。

（三）加强实践教学

在大数据金融时代，金融行业对高校金融专业学生的动手能力和实践水平有着较高的要求，要求学生能够运用所学知识，高效地完成各项工作。以满足现代金融市场的发展需求，因此，金融专业教师应通过使用实践教学来提高学生们的实践动手能力，满足市场对金融专业人才的需求。实践教学创新性强，是一套系统、科学的应用型教学体系，可是目前在高校的设置并不完善，实践教学的软硬件条件难以达到理想的标准水平，实践教学效果不是很理想。因此针对主要存在的问题，要从健全实践教学体系入手，可以从以下几方面进行：第一，面对大数据金融时代的需求，重新制定对金融专业人才培养目标，并充分进行科学论证；第二，目标确定之后，要制定较为详细的实践教学方案，对实验教学、实习活动、毕业设计、个人竞赛作品及论文等不同环节着重设计，强化理论与实践相结合。第三，制定实践管理与考核机制，完善实践教学管理目标，规范实践教学的整个过程，保证实践教学质量。根据制定的标准，发现实践教学过程中存在的问题，针对具体问题，具体分析及时整改，努力提高实践教学的有效性。

（四）重视实务部门岗位实习

实务部门岗位专业实习是整个实践教学体系的重要环节。为了更好地培养学生实践能力，可以通过校友网络，积极联系校外实务部门岗位的实习活动，并努力开展校企合作，拓展实践基地。通过校外专业岗位和实践基地实习，为学生搭建实践学习平台，为学生认识社会、适应社会、积累实践经验、提高实践水平提供更好的条件和舞台，进一步提升学生的整体素质。

为保证学生校外实习效果，要对专业实习提早进行规划和组织，学校指导老师在实习过程中要主动与实习单位保持联系，了解学生的实习情况，并在结束实习之后，要求学生提交一份实习报告，实习双方的指导老师要根据实习情况和报告的内容，按照实习实践的要求，进行评阅和打分，最后进行综合评定，给出毕业实习的成绩。

（五）建设一流师资队伍

在各高校，金融专业教学存在一个明显的问题，即师资力量不足，教师整体素养有待提升，教师大数据金融思维缺乏，妨碍了金融专业教育教学的创新性发展。因此，加强建设师资队伍，提高教师综合素养，应成为现阶段金融专业教育教学改革的重点工作。

加强师资队伍建设，需要全面提升专业教师的教学水平和科研能力，按照大数据时代金融市场的需求，重视和加强教师的专业培训力度，积极引进高素质、高水准、高技能的国内外金融专业人才，同时对于已有的水平较高的金融专业教师，可利用优惠条件留住他们，以避免这些优秀人才流失。此外，还可以借鉴国外大学经验，尝试建立终身教职制度，让金融专业教师可以不受年度考核的制约，全身心地投到喜爱的金融教学研究领域，探索创新性研究，创造出高价值的科研成果。还有，学校应定期选派优秀的金融教师到国内外知名金融机构和科研院所进行深造，也可邀请国内外著名教授、专家、学者，光临学校进行演讲，或与学校开展合作进行研究工作。只有全面提高教师的专业素质和综合能力，才能更好地适应大数据金融时代发展的要求，才能满足金融市场的需求，培养出具有强大竞争实力的金融专业应用型人才。

参考文献

[1] 何大安. 金融大数据与大数据金融 [J]. 学术月刊, 2019, 51 (12): 33 -41.

[2] 邓旭霞. 应用型高校金融些课程教学改革研究 [J]. 高教学刊, 2019 (9): 129 -131.

[3] 王妮. 互联网金融时代高校金融专业教育教学改革研究 [J]. 黑龙江教育学院学报, 2019, 38 (4): 52 -54.

[4] 戴厚平, 何健. 大数据视阈下统计金融类专业人才培养模式改革的研究 [J]. 黑龙江教育学院学报, 2019, 38 (3): 4 -6.

[5] 谢绵陛. 金融理论、应用实践与金融应用型人才培养 [J]. 高等财经教育研究, 2018, 21 (3): 32 -39.

[6] 蔡键. 大数据背景下金融试验教学模式创新研究 [J]. 高教学刊, 2017 (12): 65 -66.

14　区块链技术下的数字货币的发展及在金融学教学中的反映

江金彦　房　星　宋　娜　李方楠

摘要：货币的电子化是一种无法回避的发展趋势，而货币的数字化更是一个质的转折，必将给现有的货币理论带来了一定的修正和挑战。数字货币由于其复杂的诞生背景以及发展态势，在概念、内涵与范式上与传统金融存在着极大的差异，并夹杂着各相关学科的理解和阐释，极易导致概念混淆和理解困难。因此，本文通过梳理数字货币相关概念、内涵、货币功能、技术路线以及组织形态等基础知识，总结数字货币发展所面临的问题和发展方向，为加强对数字货币的理解与学习提供了参考。同时，本文分析了数字货币对货币统计、货币功能、货币供求、货币政策等传统货币理论带来的影响，并对这部分内容如何嵌入教学实践进行了初步的探讨。

关键词：货币；数字货币；网络货币

货币的电子化，如各种卡和代币、虚拟货币（游戏币、Q币等），带来了货币载体形式的巨大变化，从最初的实物货币、金属货币到纸币，货币越来越观念化、符号化和无形化。但从本质上说，货币的电子化并未带来信用货币所形成货币职能的改变，也未影响到信用货币层次划分实质性的调整，其所影响的不过是居民所持活期存款和现金的相对比例。当然，电子化带来的便利性会降低居民所需持有现金的总量，货币电子化加上金融资产便利的在线清算方式则进一步改变了金融资产的流动性，使得众多金融资产具有了现金的性质，这需要理论上对信用货币层次划分作出新的回应。

货币载体形式的电子化、数字化对于货币的“实质”而言，原本影响甚小。然而随着基于区块链技术的比特币的横空出世，在其所激发的共识机制、智能合约、去中心化、分布式账本、算法、算力、密码、Token 等新技术、应用与观念的冲击之下，众多不同内涵、形式的“数字货币”粉墨登场，似乎一场“革命性”的变化发生了。

总之，数字货币或将成为一种无法回避的发展趋势。与货币的电子化不同，数字货币对货币理论的影响将是更深刻和重大的，从货币的形式、货币的功能到货币制度、货币统计直至货币的供求、货币政策，涉及货币理论的方方面面。

一、数字货币的概念辨析

数字货币由于其复杂的诞生背景以及发展态势，在概念、内涵与范式上与传统金融存在着极大的差异，并夹杂着各相关学科的概念和应用，极易混淆或理解困难。因此，辨析数字货币的概念、内涵及其发行主体、原理、机制、结构、激励、价值等范式具有重要的学习和研究意义。

数字货币的舞台上各种角色在不断快速地诞生和消亡，目前市面上到底有多少种数字货币尚无准确的统计数字（保守估计有上千种），尽管它们都是依托互联网运行的，形式上都是特定的数字符号，但由于运行机制的差异，各种“数字货币”之间差异甚大。

从发行人角度，数字货币可简单分为政府发行与私人（社群或企业）发行两大类。政府发行的数字货币品种较少，多为经济规模较小的政府，如：厄瓜多尔央行推出“电子货币系统”并发行“厄瓜多尔币”，以琥珀蜜蜡为价值载体，相当于一种加密支付系统；委内瑞拉发行的以石油为价值支持的数字货币——“石油币”Petro，其价值与油价挂钩，发行参考价 60 美元，发行量为 1 亿；突尼斯政府与 Monetas（一家总部位于瑞士的软件公司）发行的由政府机构所监督的数字货币 eDinar；塞内加尔央行授权当地银行 Banque Régionalede Marchés 由一家位于爱尔兰的创业公司 eCurrency Mint Limited 协助发行发布的基于区块链的数字货币 eCFA；马绍尔群岛和以色列金融科技初创公司 Neema 合作基于区块链技术发行的总量为 2400 万枚的数字货币 Sovereign（简称 SOV）。另外还有计划中的 S－coin（韩国）、Inthanon（泰国）、DCEP（中国）、CBDC（印度）、Turkcoin（土耳其）、estcoin（爱沙尼亚）、e－Krona（瑞典）、Soction（苏格兰）、CryptoRuble（俄罗斯）、dPLN（波兰）、CBDC（挪威）以及伊朗、德国、加拿大、澳大利亚、新加坡等国的数字货币。

在实际应用中从技术、生态及功能的角度，数字货币可分为四大类：一是数字资产类，以资产为核心兼具某些货币职能，如比特币；二是平台类，平台类数字货币启用了智能合约，使得众多分布式应用成为可能，知名的如以太坊的以太币等；三是实用类，即偏重于执行某项或几项货币职能如转账、汇兑等而开发出来的数字货币；四是应用类，即在平台的基础上再次开发出来的具备某些特定功能的数字货币。当然，这四种分类法是较为粗糙的，一种数字货币可能同时被划分到不同类型中去。

从数字货币所代表的市场价值可划分为非稳定币与稳定币。稳定币的价格（兑换比例）与法定货币挂钩，能保持一定时期内价值的稳定。稳定币的发行者包括数字资产交易所、区块链公司、传统金融巨头、银行、政府等，比如，Tether公司发行的和美元挂钩的USDT（泰达币），数字资产交易所火币网发行的HUSD，纽约市政府支持的美国信托公司Gemini Dollar发行的GUSD等。

就如此众多的种类及类型划分来看，数字货币在材料形式、发行主体甚至受众结构的复杂程度上远远超出了传统货币体系，因而必将改变未来的货币运行机制、利益分配、货币功能以及货币的理论与观念。且“数字”二字只突出了这一新型货币体系的载体材料特征，而并非能真正揭示其运行特征，所以本文认为用“网络货币”来指称这一类新型货币应更为科学合理，立足互联网或网络化才是这类货币的功能的社会基础。

二、数字货币与货币职能理论

分工与高度的专业化是交易发展的必然，货币即产生于交易过程中买与卖的分化，由特定的商品专业化而形成并不断演化。随着市场规模的扩展，货币演化出一系列的功能，如价值尺度、交易媒介、支付手段、储藏手段与世界货币等。数字货币的出现目前尚未拓展出新的货币职能——新的功能最有可能出现在其与应用场景的深度结合过程中，但与信用货币相比，其在职能的具体表现上还是存在着差异。

由于数字货币采用的是区块链技术，在交易应用中，数字货币不仅发挥了价值尺度和交易媒介这两项基本职能之外，还附加了社会交易账册的功能，使所有交易过程均可记录在公共账册上。另外，由于区块链的智能合约功能，使得数字货币的支付手段与储藏手段职能得以更加高效地发挥。当然，如果数字货币加载了超出其货币职能的智能合约，则会退化成有价票证，其法偿功能自然会降低。

当前，活跃的数字货币规模可能尚在1000亿美元范围内，较之于国际上庞大的美元储备还谈不上有多少影响力。美元在全球跨境支付中的占比为41%（SWIFT），在全球外汇交易中的占比达到43%（BIS），在全球储备资产中的占比达到62%（IMF），仍是当之无愧的主流世界货币。

但数字货币的信用机制与美元不同，数字货币不仅可以对应底层的资产，还可以由使用者的信用来支持，加之低廉的汇兑成本。因此，数字货币或更有希望成为真正的“世界元”。

三、数字货币对现行货币制度的冲击

货币制度是国家权力涉入货币的铸造或印制、发行、流通等货币运行过程而形成的规则体系。由于巨大的发行利益（铸币税），一般而言，现代国家多将货币权纳入国家主权范围内，尽管这一权能并非天然或必然的——如货币联盟、货币局制度、美元化等货币制度实践的存在，就从侧面佐证了货币主权并非必然的看法了。

与哈耶克所提倡的货币由私人银行竞争性发行的货币非国家化方案不同，未来的数字货币或将以两种路径存在：一种是由中央银行发行的基于主权信用的数字货币，另一种是基于交易和资产抵押的以分布式方式发行的数字货币。

对于尝试数字货币的政府而言，其发行目的大约在几个方面：一是提供另一种功能丰富的法币；二是取得数字货币发行、管理或监管的主动权；三是提供币值稳定的货币机制以取代当前不稳定的法币或不完善的货币体系，抑制通货膨胀；四是提供更为便捷的基于网络的支付与清算体系。

如中国央行拟推出的DCEP（Digital Currency Electronic Payment，数字货币和电子支付工具）在功能和属性上和纸币完全一样，只不过它的形态是数字化的，与法币一样，具有无限法偿性。它是一种具有价值特征的数字支付工具，且不需要账户就能够实现价值转移，因其只是一个加密字符串，这就摆脱了传统的银行账户体系的控制；且其具有无限法偿性，进而能打破私营支付机构或平台所设置的各种支付壁垒。

中央银行发行数字货币并使用区块链技术作为基础设施，会给现有金融市场基础设施带来根本性变化。现行金融市场每个机构都记录有自己的数据，当机构之间发生交易时，由中央组织（清算公司）用于确保双方的记录一致且正确。在区块链技术下，能保证交易数据被双方均正确记录，集中清算系统就显得多余了。因此如果央行采用区块链技术来支持其数字货币的流通，同样将导致市场结构的根本性变化。

私人发行的数字货币，在功能上的表现则五花八门、异常丰富。比如带来革命性影响的比特币，最初的设计思想在于去中心化、维护货币价值稳定、保护交易者隐私、构建新型的信任体系、不可篡改（不可逆）等，在实践上确实可以免除货币兑换成本、降低结算成本，但有限的供给量导致比特币的价值一再剧烈波动，降低了其作为货币的有效性。

Facebook 拟推出的 Libra（天平币）项目的潜在影响似乎更大。该项目由 3 个基本组成部分组成：基础金融基础设施、Libra 稳定币以及支持该项目的 Libra 协会。Libra 在价值确定方面类似于国际货币基金组织发行的特别提款权（Special Drawing Right，SDR），特别提款权的价值目前是由美元、欧元、人民币、日元和英镑组成的一篮子储备货币所决定的。较之于无法用于现实交易支付的特别提款权，Libra 可以看成是一种更加灵活便捷、更具实用价值的“特别提款权”。由于其众多的金融机构成员，Libra 将拥有自己的储备资产，这一储备资产会包括美元、欧元、英镑、日元以及美债等一篮子货币以及政府债券、大宗商品等，甚至可以包括更广泛的货币种类。通过发行 Libra 货币，其储备资产将可以便捷地与 Libra 兑换，货币的国际兑换将因此更为便利、高效和低费用（当前国际转账手续费最便宜也达到了 4% ~5%，但 Libra 可以做到基本上不需要手续费），Libra 所发行货币的价值将变得更为稳定。则 Libra 所发行的货币就有可能成为一种广泛通行的货币——“世界元”，Libra 也可能成为“最后的银行”——世界级的中央银行。

Libra 的巨大潜能还在于 Facebook 在全世界拥有 20 多亿用户和约 9000 万家企业和机构，为 Libra 的落地铺平了道路并预设了极其丰富的应用场景。Libra 在支付通道上一夜之间就可以替代信用卡等传统支付工具，对全球还有 17 亿享受不到银行服务的人群有着巨大的吸引力。Libra 不需要一个特定的结算中心，可以实现点对点直接的价值传输，改变了传统金融体系、企业与用户之间的关系，交易数据不必为某一机构所掌控，因此可以做到更安全透明、便宜高效，更好地保护用户的隐私。

总之，随着货币制度的演化，以及金融科技的进步和商业场景的飞速变化，货币市场将形成主权数字货币与非主权数字货币（或加密货币）的分工，非主权数字货币的崛起似乎已势不可挡。

四、数字货币与货币层次划分

金融工具的高度发展使得货币本身变得越来越模糊，且不同层次货币的边界也更加难以界定，货币电子化尤其是数字货币的出现更加剧了这种情形。

M1、M2 存在于现有商业银行的账户体现里，已实现电子化，加之发达的结算与支付网络，其与数字货币之间的消长不在于技术方面，而是在于商业银行在数字货币时代的角色，也即规模问题。

数字货币的影响在于其对 M0 的替代。现有的比较下，纸钞和硬币存在易伪造、洗钱、非法融资等风险；基于现有商业银行账户的电子支付（如银行卡和互联网支付）在匿名性或隐私保护方面也存在缺陷。因此，就方便性和匿名性需求而言，数字货币是替代现钞比较好的工具，且数字货币具有高扩展性和适应高并发需要的性能，也适用于小额高频的零售业务场景。而金融脱媒以及数字货币充当 M0 时规模的扩张与收缩则是新的问题，数字货币更深地嵌入了各类应用场景，则金融的媒介性可能会进一步下降。

五、数字货币对货币供求理论的影响

由于数字货币的产生机理与运行机制同信用货币存在极大差异，所以传统的货币理论，如古典理论、凯恩斯主义，货币主义、新货币理论（MMT）等都不完全合适用于解释。传统货币理论体系的概念、结构、模型正面临着较大挑战，数字货币或将导致一套全新的体系的产生。

因此，即便是以 100% 的储备资产做抵押的数字货币，如 Libra 或其他所谓的稳定币，其均有可能进入信贷市场而导致派生货币的出现和乘数效应，这就有可能导致货币超发的情况，由于供求关系的变化，数字货币的稳定性也将成为一个实践与理论兼备的问题。

六、数字货币与货币政策的关系

电子货币会导致货币需求的稳定性下降，且对货币供应总量的影响存在不确定性。

电子货币便利了货币和金融产品的转换，降低了交易成本，利率的微小变化可能引起经济主体频繁改变货币和金融资产的持有量，货币需求的稳定性下降。非现金结算加强了信用创造并增加货币供应，但便利了一些非金融支付机构提供信用服务，从而减少金融机构信贷的需求因而减少货币创造和货币供应量。各层次货币供应量之间以及货币与金融资产之间的边界日益模糊，导致各层次货币供应量的可测性和可控性下降。因此，电子货币的发展导致数量型调控的有效性降低，但有助于提高价格型工具的有效性。

数字货币与法币的关系可以分为封闭型、单向流入和双向兑换 3 种。数字货币是一种“货币”还是一种“数字资产”？如果是一种资产，如何有效维护其价值，或提供底层资产为其价值做支撑？如果是一种货币，又如何保持其价值的相对稳定，避免发行者对铸币税的掠夺？不同的属性选择，对于发行主体的特性要求存在着很大的差异，强调资产特性的发行者自然会追逐更多利润，而作为货币的发行者则要综合考虑货币的宏观经济目标。而从技术方面来看，数字货币的发行者可以通过对交易收费天然地实施负利率政策。

此外，如果央行用数字货币替代了现金，或许自然会与商业银行存款竞争问题，则央行数字货币会对经济产生更多实质性的影响。一旦央行的负债表扩大到居民部门，中央银行数字货币账户转变成银行存款账户，商业银行的存款会不断流失。那么中央银行发行数字货币就有可能对现代金融体系的基础结构产生重要影响。

本文通过梳理数字货币相关概念、内涵、货币功能、技术路线以及组织形态等基础知识，总结数字货币发展所面临的问题和发展思考，为加深对数字货币的理解与学习提供了参考。同时，本文分析了数字货币对货币统计、货币功能、货币供求、货币政策等传统货币理论带来的影响，深层次的分析为数字货币嵌入教学实践提供了必要的支持。

参考文献

[1] Facebook 加密货币项目 Libra 白皮书.

[2] 谢星，封思贤．法定数字货币对我国货币政策影响的理论研究［J］．经济学家，2019（9）：54－63.

[3] 邹平座．对脸书 Libra 及未来数字货币的思考与应对［N］．中国经济时报，2019－8－21.

［4］ Krasota T. , Bazhenov R. , Mironova I. , Abdyldaeva U. . Monetary History and Money Types in Digital Economy ［J］. Advances in Social Science, Education and Humanities Research, Volume 333: 802 - 806.

［5］张怡超. 法定数字货币对我国现有货币制度体系的挑战［J］. 金融理论探索, 2019（4）: 9 - 16.

15　“1+X”证书制度下社会人才需求与传统本科培养模式的矛盾探索与解决方案

——以学生视角下金融科技专业为例

宋欣宇　田　原*

摘要：金融科技类专业作为响应当前大数据智能化时代的学科专业，其真正的社会人才需求与当今本科教育中传统型大学生存在供求矛盾，大学生所具备的技能无法真正地满足其社会职业要求。本文通过学生角度，围绕“1+X”证书制度下大数据智能方面的应用的试点，充分提出当前“1+X”证书制度下社会人才需求与传统本科培养模式所存在的矛盾。以金融科技专业为例，以学生视角，从“三教”与“三学”方面探索解决该矛盾的途径，从而培养符合当今社会大数据智能方面人才需求的金融科技类专业大学生。

关键词：“1+X”证书制度；传统本科培养模式；金融科技专业

大学是学生储备自身基础专业知识以及提升个人职业能力的重要阶段，为我们每一位大学生提供一条从学校学生转换角色为社会服务者的途径。目前，大学本科的大学生依然希望可以通过大学本科教育直接走上职业道路，实现自身的职业梦想与职业价值，通过自己的职责来获得相应的回报。但是，当今传统型大学生已经不再能满足大数据时代下多元的社会人才需求。与基础学习不同，金融科技专业作为恰恰迎合大数据智能时代人才需求的专业，往往要求学生具有过硬的实务能力，对其的要求往往先行于理论性的研究成果。而上海作为国际金融中心，其社会人才需求更加注重大学生的职业实务能

---

* 宋欣宇，上海立信会计金融学院，学生。田原，上海立信会计金融学院，讲师，博士，通讯作者。
本文系2019年度上海市教委高校青年教师资助计划（项目编号：AW－12－2204－00134）的研究成果。

力，这体现了当今学生更应该与学校共同认识到“1+X”证书制度下金融科技专业社会人才需求与传统本科培养模式的结构性矛盾，并探索解决途径，实现大学生的人才进阶，满足社会人才需求。

一、金融科技专业社会人才需求与传统培养模式的矛盾

金融科技主要是指由大数据、区块链、云计算、人工智能等新兴前沿技术带动，对金融市场以及金融服务业供给产生重大影响的新兴服务模式、新技术应用、新产品服务等。而在各大金融机构、金融科技企业以及第三方金融服务机构的人才要求中，相比于传统金融人才需求中所强调的经济学、金融学基础理论外，更加对实践能力与创新意识提出了要求，不仅要具备金融产品设计与运营、金融大数据分析等金融科技核知识，更要具备金融科技相关的实操技能，包括可以在各种不同的商业场景下将计量分析原理与大数据分析进行有机结合，并应用到产品设计、量化分析、风险控制和运营管理等核心业务的开展中，适应当前大数据时代金融服务业的发展需求，从而胜任互联网环境下金融科技岗位要求。而传统型本科的金融专业的大学生，主要通过“基础公共课+专业课”模式培养，实务实践不够充分，并不能实时地紧跟当今大数据时代金融科技岗位所要求的技能，也忽略通过职业证书对专业知识的补充完善以及对实务能力的提高。目前，本科教育仍然以传统形式为主，尤其在金融科技专业上充分体现了其社会人才需求与传统培养模式的矛盾。究其原因，其矛盾主要产生在以下两个方面：

（一）传统型金融科技本科教育在证书上的忽视

当前对于大学生能力的考察已经有了许多途径，而各个行业的证书更是衡量大学生在该行业的基本指标，同一行业也可以通过国内外不同的证书进行考量。通过不同类型的考量模式来提高对大学本科生的要求，包括基本理论知识以及实际案例分析方面，从而变相考量大学生的实操能力。而当前国内许多大学本科对于金融科技的培养依然停留在传统金融理论知识的培养，少量结合一些金融与科技相关的理论知识，却大大忽略了实务能力的培养。因此，不论是专业知识还是实务能力，金融科技的大学本科生都具有短板，很大一部分原因是没有了解到当前大学教育在证书上面的忽视，无法在完善基础专业知识的同时提高自身的专业实操能力。

（二）大学本科狭隘的课程设置、学分分配

从大部分的大学本科课程设置来看，主要是在大一、大二进行基础公共课的学习，而此类课程大多是基础理论知识的课程，实践类的课程少之又少。即使存在可以进行实操能力培养的实践课，也会因为学分设置而受到学生的忽视，在基础理论课上的高学分设置使学生只重视基础理论课、忽视实践类课程，无法实现真正的能力提升。到大三、大四，高难度的专业课伴随着高学分的设置更加占据了学生的大部分学习时间以及精力，更加与实践能力脱节。当学生毕业前了解到社会职业需求时，又会花费大量精力、物力、财力去证书辅导班上课，不仅效果不好，还会产生经济负担。

二、“1+X”证书制度下的本科教育转型

本科教育本身具有“职业性”和“跨界性”，以培养多样化的社会人才为目的，旨在帮助大学生掌握知识，培养多方面的能力，从而增强就业创业竞争力。但我国目前大学本科教育较为封闭，在专业设置和教学内容上一定程度上与社会人才需求产生了偏离。由于传统的人才培养方案以及师资等限制，我国本科教育与当前大数据智能化时代的社会人才需求难以对应。针对这一问题，在我国大学本科教育转型中，引入了“1+X”证书制度。在“1+X证书制度”的要求下，学生既要达到相应的专业水平，获得毕业证书，也要努力获得多样的职业技能为解决当前“1+X”证书制度下金融科技专业社会人才需求与传统型培养模式的结构性矛盾，应在大学本科教育中充分试点“1+X”证书制度，实现供求的无缝对接。

“1+X”证书制度是指学历证书与职业技能等级证书，当前社会人才需求除本科学历外，逐渐增加了对大学生专业能力的要求，因此在本科教育中应用“1+X”证书制度即可通过多维度培养出复合型的社会需要的人才。金融科技专业作为当今“一网互联，万物互联”下金融服务新生态下的热门专业，更是亟须在本科教育中结合“1+X”证书制度，从而解决其社会人才需求与大学生本科培养的矛盾。

“1+X”证书制度是职教20条中重要改革部署和重大创新。落实高等院校学历教育和职业培训并举并重，坚持学历教育与职业培训相结合，促进书证融通是当前解决金融科技等专业各个专业大学生培养与社会人才需求矛盾的有效举措。对于高校课程设置

与职业需求脱钩的情况，国家也已经高度重视。十九大报告中对地方本科高校发展提出了新要求，首次提出要“深化产教融合、校企合作”。地方本科高校人才培养应该以职业要求为导向、以实践能力培养为重点，在基础理论知识不断提高完善的基础上，注重职业能力的培养，运用合理、科学，多维的制度引进培养金融科技专业的人才。

三、学生视角下金融科技专业与“1+X”书证融通的路径探索

根据教育部“1+X”证书制度试点方案要求，应用型本科院校作为“1+X”证书制度试点的实施主体，需要根据职业能力等级标准要求和专业教学标准要求，将“1+X”证书制度充分结合到金融科技专业相关的专业建设、课程建设、教师队伍建设中去，全面推广相关“1+X”证书制度下的相关职业能力培养性实践课程，推进“1”和“X”的有机结合，提升职业教育质量以及学生就业能力，解决“1+X”证书制度式社会人才需求与传统式大学生（即传统式本科教育）的矛盾。

当前解决金融科技专业社会人才需求与培养本科大学生主要通过“三教”与“三学”两大角度进行科学、合理、有效的变革，无论对社会还是学生本身都至关重要。

（一）“三教”改革

由于金融科技专业对于职业能力的高要求，“1+X”证书制度下如何将相关的课程融入金融科技专业人才培养方案尤为重要，但是解决相关课程设置等问题之前，教学相关的准备工作也必不可少，具体要从包括教师、教材、教学的“三教”方面进行提升完善。

1. 教师

在教学能力上应用型本科院校金融科技专业相关教师应积极响应“1+X”证书制度下对于教师职业能力的要求。不仅要具备基本的课程开发能力和过硬的教学实施能力，还应能够根据国家发展和行业技术需求展开专业调研，并以此制定或优化课程标准，进行课程内容开发和整合。在教学实施中，教师首先要根据“1+X”证书制度下课程安排的要求，进行具有实践性特点的教学设计，将“职业能力培养”的理念融入教学中，充分利用现代化技术和手段组织“1+X”证书教学活动。同时，合理设计课堂教学环节，关注课堂过程和学生学习成效，并及时进行教学诊断和改进。

“1+X”证书制度充分体现了产教结合，其制度自身要求本科教育下的专业教师自身应取得相关职业技能的认证，从而强化师资力量。因此，教师应具备最新的专业技能实践能力和相应的教学能力，并不断与时俱进，同时更新教育教学理念和教学方法及手段，能将各类商业案例分析引入课堂，及时更新教学内容，紧跟社会科技等相关热点从而实现最佳的教学效果。

2. 教材

金融科技专业实践教学工具要与“1+X”证书所要求的办公工具相匹配，其中最重要的是教材方面。对于实训课程资料，“1+X”证书课程会有相应的教材，由高等教育出版社出版。教材中除了详细的实践类金融科技相关课程操作流程，还注重实务能力理念的传达，收集了多个经典案例供教学选择。在教材方面，摒弃传统教材的一成不变，突出时效性，紧跟当前最热金融科技热点，实时更新，让学校教育和社会需求紧密相连，从为整体的“1+X”证书制度下本科教育打下坚实的基础。

3. 教学

本科教育通过结合“1+X”证书制度的实现转型，更加要求教师统筹完备教学组织，创新灵活教育教学方法，利用各类新型教学资源，采用线上线下相结合的教学方法，充分提高课堂的教学效果，实现复合型人才培养。由于已有的师资无法满足“1+X”证书的学生学习和考证的需求，需要通过信息化教学手段，开发课程慕课资源、新形态教材，用以辅助教师教学和学生自主学习。其次，在教学过程中，充分结合商业案例，进行多种情况下实操性问题分析，注重理论的实用性，通过不同商业案例的分析，带领学生进行多思维的转换，加深学生对于之前固有理论知识的理解，让学生在短时间内获得大幅度的提升。

因此，整个教学过程中以任务驱动为主，鼓励学生学做结合。每个实践模块下设有目标化金融科技商业案例的项目任务，基于不同的商业环境，进行不同的任务设置，进一步提升“1+X”证书制度下金融科技本科教育的学习效果。

（二）“三学”改革

面对金融科技专业对于职业能力的高要求，“1+X”证书制度下如何真正地从学生端将相关的课程融入金融科技专业人才培养方案，从而让学生真正接受课程安排，达到最好的教学效果。具体从“三学”包括学生角度下的课程设置、学分设置、考核设置三方面进行变革。

1. 课程设置

将“1+X”证书制度下各职业技能证书课程教学与专业人才培养方案深度融合。首先，可在各专业中开设各类金融科技相关职业证书的各类基础课程供学生选择。在学生的选修课安排中，提升相关职业性较强的实践类课程的比重，由学生自行选择自己感兴趣的内容进行专业学习。将此类课程分散性安排在时间较为充裕的大一、大二学年进行，课程可以进行难度等级划分，不同基础的学生可以根据自己的能力选择合适的难度与技术类别。其次，对于“1+X”证书制度基础课程主要包括职业技能证书相关基础理论和基础软件使用。该类课程可作为金融类各专业的专业核心课程，包括金融科技，可要求所有相关专业的学生必修该门课程，以提高“1+X”证书课程的普及率，帮助金融类别相关的每位学生都掌握其相关职业证书的基本知识和技能。最后，将“1+X”证书所需课程与原有专业课程融合。对于“1+X”证书制度下各类课程与各专业课程的融合教学主要是指将其融入相关专业课程的正常教学中，为后续大三、大四高难度的专业课的学习打基础。

2. 学分设置

由于“1+X”证书制度下各职业技能证书相关类课程的引入，势必会增加学生学分压力以及由此产生的学习压力。为了避免由于学分压力，学生无法全身心投入“1+X”证书课程学习的问题，宜在金融科技专业进行“1+X”证书制度引进时同步进行学分制度的变革。一方面，利用“1+X”证书下的实践课程代替同等类别的实践课程的学分抵兑换，这样可以在原有学分的基础上，让学生进行相关“1+X”证书下职业课程的学习。另一方面，引入学分银行，学分银行就是在学分制基础上通过一定的制度设置对学生学习成果的认定并将其进行学分转换。学分银行的理念旨在促进学生的多维度知识的学习热情，将学习成果进行科学合理的积累、转换。学生可以将所学的新增“1+X”证书制度下职业课程所获学分存储在学分银行，进行学分认证与转换，一方面变相减少了学生的学分压力，另一方面可以激励学生进行课内外多方面涉猎学习，提升学习效果。

3. 考核设置

“1+X”证书制度下各职业技能证书教学考核将采用结构式计分方法，具体为“4+3+2+1”模式，其中40%为商业案例等实操测试，进行最终学习成果的测验；

30%为课下作业；20%为课堂表现，平时课堂表现包括课堂讨论、提问等，充分表现出对于学生课堂反应和学习过程的重视；10%为出勤。这种计分方式强调学生在整个课程学习过程中的参与度，同时以通过证书考核为主要目标，合理细化了考核内容，有利于达到预期的职业证书学习效果。

四、结论

根据“1+X”制度下社会人才的需求，探析其与传统本科培养模式之间的矛盾，并从学生视角，以金融科技专业为示例提出两者相互融合的解决方案。通过将“1+X”制度与大学本科教育相结合，补足当前大学生的短板，通过将证书培训内容有机融入专业人才培养方案中，构建“1+X”制度教学平台，优化“1+X”制度课程设置和教学内容等措施进一步提高以金融科技专业为代表的大学生的个人职业能力，从而更好地满足社会人才需求，解决其供求矛盾，促进社会发展。

参考文献

[1] 祝珊珊，张璇，纪梦超．终身教育理念下学分银行利益主体需求调查研究［J］．职教通讯，2019（12）：100－102.

[2] 柴美娟．职业教育“1+X”制度下建筑信息模型（BIM）人才培养的研究与实践［J］．职教通讯，2019（10）：18－19.

[3] 孙玥，杨前华，魏欣．“1+X”制度下高职院校教师职业能力内涵及其构成解析［J］．职教通讯，2019（18）：71－74.

[4] 彭小慧．国家职业教育改革背景下“1+X”证书制度实施的意义、难点与方略［J］．教育与职业，2020（3）：5－12.

[5] 刘育锋．英国学徒资格“元治理”及我国“1+X”试点的借鉴意义［J］．中国职业技术教育，2019（22）：12－20.

[6] 候芸子．产教结合型企业的政策分析及几个重点问题的思考［J］．中国职业技术教育，2019（18）：17－20.

16　关于大数据风险管理课程建设的思考

孙　洁

摘要：近年来，大数据技术的发展如火如荼，推动了现代金融业态和金融实务的重大变革。风险管理是金融实务中重要的环节，它和数据息息相关，新兴的大数据技术为金融风险管理带来了新的模式和方法。因此本文建议将新兴的大数据在风险管理方面的应用引入到传统的风险管理课程中来，使得风险管理课程内容能够反映大数据技术对风险管理模式和方法的改进，并建议在课程设置中加入上机实验环节，提高学生在风险管理方面的实践能力。

关键词：风险管理；大数据；实验课

一、传统的金融风险管理课程内容浅析

金融风险管理是金融学专业的一门重要课程。在金融领域中收益和风险是相辅相成，投资收益往往来源于风险的溢价。风险来源于金融市场中收益和波动的不确定性。在现代投资学的思想下，在追求预期收益的条件下尽可能地控制风险成为金融活动中风险管理的主要目标。而随着经济全球化发展和信息技术在金融领域中的应用，金融活动效率获得提高的同时金融市场的风险联动性增强。风险管理的课程正是传授给学生如何正确认识风险的内涵以及掌握先进的风险管理理念和方法。

经典的金融风险管理课程内容系统地介绍了金融风险的定义、类型、风险度量模型以及常用的风险管理方法，一般从市场风险、信用风险、操作风险、流动性风险等风险类型进行具体展开。该课程的理论基础深，要求学生掌握金融学、投资学、金融工程、计量经济学及计算机应用等多学科的知识，涉及较为复杂的数学模型，因而理论方面的课程难度较大。而传统的风险管理课程往往是对金融风险理论的介绍，辅以典型风险案例来联系实际，通过计算类习题让学生掌握风险度量的理论方法。总的来说，传统的课

程设置偏重于对理论的学习，而缺乏对实务中风险管理技术的应用。

二、大数据技术的发展

先进的信息技术不断推动着现代金融市场的发展。网络信息技术的应用连接了广大的金融机构和金融投资者，使金融信息能够即时地传播、处理，实现了金融交易的电子化处理，极大地提高了金融市场的效率和活跃度。由此，金融市场积累了海量的交易数据。21 世纪，网络信息技术已经深入社会生活的方方面面，各种数据源源不断地产生、积累。2018 年，全球信息量达 33ZB①。我们已经从 IT 时代进入 DT（Data Technolagy）时代。数据就是资源，海量的数据里隐藏了社会经济的发展趋势和人们的行为特征。为了发掘大数据中隐藏的宝贵知识，大数据处理和分析技术蓬勃发展起来。

现有研究表明大数据具有体量（Volume）浩大、类型（Variety）繁多、生成快速（Velocity）、价值（Value）密度低等特征。由于大数据本身的高度复杂性，传统的数据处理技术和分析技术无法胜任对大数据的处理，基于人工智能的大数据分析技术逐渐发展并应用起来。人工智能算法能够适应大数据复杂多变的特征，它不依赖于先验知识，不需要对问题进行精确建模而是在数据上直接进行分析和处理，因而非常适合对大数据进行分析。除了传统的 BI 技术，人工智能领域的很多技术方法为大数据分析提供了丰富的分析方法，包括统计分析、机器学习、数据挖掘、自然语言处理、知识与推理等。

大数据等技术的快速发展推动了金融服务模式的变革。在金融活动中依靠大数据进行信息挖掘和分析，能提高金融机构对市场的预判能力，加深金融机构对客户的了解，从而开发出基于大数据的投资、风控、精准营销等新的业务模式。同时，互联网商务公司利用大数据技术手段进军金融业务，他们从电子商务平台上积累的海量客户交易数据出发，开展个人征信、投资理财、供应链和消费金融等金融服务，与传统金融机构形成强劲的竞争。

① 数据来源于 IDC 国际数据公司 2018 年报告。1ZB = 1024EB，1EB = 1024PB，1PB = 1024TB，1TB = 1024GB。

三、大数据与风险管理的融合

数据是风险管理的基础，因而大数据技术自然而然地应用到风险管理业务中，改进了传统风险管理方法的水平。要进行风险控制，首先要对风险进行预测，而风险预测是基于数据之上的。传统方法中，银行对企业客户的违约风险评估多是基于过往的信贷数据和交易数据等静态数据。这种方式的最大弊端就是缺少前瞻性，因为影响企业违约的重要因素不仅包括企业的历史信用情况，还包括行业的整体发展状况和实时的经营情况。而大数据手段的介入使信贷风险管理的精细化水平不断提升。当前银行的代签授信和贷后监控，无论是从广度上还是从深度上均有不足，以大数据思维将现场调查与非现场数据挖掘分析相结合，可以更加全面地评估客户风险状况，大幅提升贷前风险判断和贷后风险预警能力，实现对潜在风险的即时防控。其在各大银行风险控制中是应用如表 16 - 1 所示。

表 16 - 1　　银行业大数据风控产品典型案例

银行	大数据风控产品	简要介绍
中国银行	“艾达”大数据风控平台	“艾达”大数据智能风控平台是首款面向大数据风控建模的互联网大数据分析挖掘平台，对目标客户进行全量实时舆情预警和 360 度风险展示。“艾达”打通行内外大数据，对接不同的数据渠道，通过运用人工智能语义分析、数据挖掘、云计算、数据可视化等技术对海量非结构化数据进行深度挖掘，并对企业客户进行画像，绘制出企业股权结构、投资关系、担保关系、管理结构等图谱，挖掘关联风险。
兴业银行	“黄金眼”智能风控系统	“黄金眼”涵盖企业关联图谱、移动查询、信息搜索、异常行为预警、预警评分、预警规则解释、信息整体报告七大功能，除银行内部已掌握的企业信息外，还可全面收集企业在互联网上的公开数据，覆盖信用预警信息、法院失信信息、结算预警信息、财务预警信息四大维度，从而实现对企业风险的精准判断和预警。
光大银行	“滤镜”大数据风控平台	“滤镜”产品运用社交网络、路径算法、文本分析等大数据分析挖掘技术，在线运行特殊交易对手、风险共同体、复杂循环担保圈三类大数据模型信号。通过大数据录入，经过银行模型的计算，将银行对公客户进行画像式的描述与打分，对于有风险的客户进行标签处理。
恒丰银行	全面风险预警系统	全面风险预警系统依托于星环大数据平台，整合行内外数据，包括行内授信、不良资产、预期、征信、行外司法、舆情、工商信息、关联关系等，以多种方式提供风险提示和风险发现功能。通过文本解析、语义分析、文本分类等技术对非结构化数据进行处理，借助文本挖掘、MIDAS、R 等技术工具构建客户统一风险视图，形成完整的企业和个人知识图谱。

大数据技术手段的运用创造了新的风险管理模式和方法。与银行等传统金融机构不同，互联网金融平台的客户往往是小微客户，他们通常缺乏传统风险管理所需的征信数据和企业财务数据。而互联网金融平台依托网上电子商务平台和支付平台，利用大数据技术和云计算能力能够对小微客户的信息进行有效的收集、整合和分析，从而解决信息不对称问题，建立起基于网络大数据的信用风险控制体系。比如阿里巴巴作为我国电子商务行业的领头人，也是开启大数据风控的先行者。阿里巴巴金融建立了基于 FICO 模式的“水文”模型衡量客户的收入情况。该模型将阿里巴巴的自身的数据与 FICO 评分模型相结合。数据包括来自于淘宝的客户进入网站的行为轨迹、浏览记录、下单信息、支付数据以及来自支付宝的客户支付、转账以及客户理财等数据信息。在贷款申请阶段采用基于网络数据的收入模型和还款模型以及违约率模型来决定是否准入、授信额度以及利率定价。在审核阶段根据反欺诈规则和模型，通过系统自动加人工审批的模式进行审批。审批通过后以支付宝为渠道进行放款并利用信息流、资金流和物流情况对用款情况进行监控。

大数据风控与传统风险管理的区别主要在于两点，一是数据，二是模型。传统的风险管理模型是基于有限的历史数据的。比如市场风险的计量仅基于资产的日度价格和由此计算出来的波动率，信用风险计量只能基于对手方历史的信贷数据。大数据的出现极大地扩展了风险管理的数据源，如搜索引擎信息、个人网上消费信息、物流交通大数据、网页数据、企业行为数据等。大数据的出现为进行风险预测提供了极为丰富的数据源，从数据维度上突破了传统风控的限制，提高了风控的准确率。

在模型方面，由于大数据具有数据量巨大但价值密度稀疏的特点，仅用传统的数据分析模型不能适应大数据的特征，在大数据分析中更多地采用机器学习的模型和算法来挖掘数据之间的相关性，以及将机器学习模型与传统数据分析模型相结合，来对某一分析目标进行预测。在大数据风控中常用的机器学习算法包括神经网络、决策树、支持向量机等，而较常使用的传统模型包括线性回归模型、Logistic 回归等。例如 Facebook 和阿里巴巴均采用机器学习模型和 Logistic 回归的方法来预测点击率。

总而言之，基于大数据的风险管理通过充分利用大数据提供的数据源，对其进行数据挖掘，通过建立模型发现数据和风险之间的相关性，进而对风险进行预测。而大数据的运用也贯穿于风险管理的整个过程，从风险识别到风险衡量再到持续的风险监控，都能够利用大数据来提高风险管理工作的效能。因而，大数据的运用已经深入风险管理的方方面面，成为现代金融业风险管理发展的必然趋势。

四、大数据风险管理课程建设的建议

通过对大数据风险管理的现状与趋势分析，我们认识到大数据风控作为一种新的风险管理模式已经渗透到金融风险管理的整个业务流程中，不论是在传统金融行业还是在新兴互联网金融中，都被充分地运用。因而，开设大数据风险管理管理课程是对传统风险管理课程的进一步提升，有助于学生掌握新兴的大数据分析方法和大数据风险管理方法，适应金融风险管理的发展趋势和需要。对于课程内容，本文有如下建议：

1. 介绍基于大数据的风险管理新模式和新方法

在传统金融风险管理内容的基础上，增加新兴的大数据风险管理模式和方法的介绍。大数据手段的运用已经涉及风险管理流程的各个环节，并且在不同类型风险管理中都有所应用。比如在市场风险管理中，利用日内高频数据对市场波动率进行预测，利用媒体资讯、投资者情绪、网络搜索行为、网络消费行为等对价格变动趋势进行预测，从而指导选股，趋利避害；在信贷中利用大数据开展信用风险管理的新方法；在操作风险管理中利用大数据手段开展反欺诈等。通过这些内容的介绍使学生们了解并掌握大数据风险管理的应用及方法，以适应风险管理业务的发展趋势和需求。

2. 增加模拟实验内容

金融风险管理应该是一门理论联系实践的专业课程。由于学生对大数据认识的模糊性以及金融风险管理理论的抽象性，仅讲授理论知识并不能使学生形成对风险管理和大数据的具体认识。传统的风险管理课程教学中缺乏先进的数据分析、共享工具，很难帮助学生定量认识和了解金融风险。学生对风险管理的方法也就难以消化，更难以运用到实践中。因此，在大数据背景下，适当开展相应的实验课，引导学生借助数据处理和分析工具独立分析并解决问题，比如利用计量或风险管理软件对金融风险做定量测试，使学生深刻理解并熟练运用风险管理理论知识，增强在风险管理上的实践能力。

3. 提高学生的数据分析能力

近年来我国金融科技快速发展，大数据、人工智能、云计算等技术与金融业务深度融合，推动了我国金融业的转型升级。掌握大数据分析技术成为现代金融业发展对金融专业人才的必然要求。因此，在教学中要注意对学生数据分析能力的培养，在课程内容中增加对大数据分析方法的介绍。由于大数据分析的复杂性，人工智能和机器学习的模型和算法在大数据分析中有着广泛应用，与传统模型和方法共同在大数据分析中发挥作用。因此，对于大数据分析方法的介绍既要包含经典的统计、计量分析方法，又要引入新的人工智能和机器学习算法和模型。当然，仅仅介绍理论知识是不够的，为了使学生深入理解上述分析方法，应引入大数据分析模拟实验，使学生掌握数据分析软件的使用和数据分析方法在实践中是如何运用的。

五、结语

大数据等新兴技术的发展带动了金融风险管理实务的变革。学校的课程教学应适应新技术的发展，把新兴的专业知识和专业技能融入课程内容当中。金融风险管理是一门理论性和实践性都很强的课程。在大数据风险管理课程的教学中，一方面，应将基于大数据的风险管理新模式、新方法与新应用介绍给学生，使学生掌握大数据风险管理的理论知识；另一方面，为了使学生做到学以致用，建议增加关于大数据分析和风险管理的模拟实验课程，使学生掌握常用的大数据分析方法以及实务中风险管理方法的具体应用。总之，开设大数据风险管理课程能够推动金融风险管理教学的与时俱进，提高学生对新技术的掌握水平和对风险管理理论的应用能力。

参考文献

[1] 李勇，徐荣．大数据金融［M］．电子工业出版社，2016.

[2] 郭平，王可，罗阿理，薛明志．大数据分析中的计算智能研究现状与展望［J］．软件学报，2015，26（11）：3010－3025.

[3] 林姝妤．基于应用型人才培养的《金融风险管理》实验课教学改革初探［J］．课程教育研究，2019（18）：46－47.

[4] 苏木亚，付媛．大数据环境下的《金融风险管理》课程教学探索［J］．内蒙古师范大学学报（教育科学版），2016，29（06）：151－154.

[5] 闫鼎华．基于大数据的商业银行风险预警研究 [J]．经济研究导刊，2018 (17)：146－148.

[6] 张锋军．大数据技术研究综述 [J]．通信技术，2014，47 (11)：1240－1248.

[7] 中国支付清算协会金融大数据研究组．金融大数据创新应用 [M]．中国金融出版社，2018.

17 金融投资实务课程思政教学案例研究

——以大数据等高科技行业的投资价值分析①

韩　云　章　劼　黄雨晗*

摘要：高校教育是青年思想和价值观形成的重要摇篮，通过专业课程学习进行思想政治教育是高校思政教学改革的方向，是保障人才培养质量的重要基石。大学专业教育要坚持把立德树人作为中心环节，把思想政治工作贯穿教育教学全过程，实现全程育人、全方位育人。高校专业思政教育需具备针对性和实效性，本文以大数据等高科技行业的投资价值分析为例对金融投资实务课程的思政元素进行设计，探索社会主义核心价值对大国价值观、爱国奋斗精神、青年价值观等的形成和塑造的培养模式，以期为我国金融学科课程思政改革提供一定的经验借鉴。

关键词：课程思政；金融投资实务；高科技行业；科技创新；社会主义核心价值观

引　言

习近平总书记在全国高校思想政治工作会议上强调，要坚持把立德树人作为中心环节，把思想政治工作贯穿教育教学全过程，实现全程育人、全方位育人，努力开创我国高等教育事业发展新局面。以此思想为指导，大学教育的专业课教学任务异常艰巨和关键，如何让学生在保持课堂知识专业性、趣味性的同时做好思想政治学习并建立科学的世界观、人生观和价值观是大学教师面临的重要难题和任务，人民教师应该担当起时代

* 韩云，女，上海立信会计金融学院，讲师，经济学博士。章劼，女，上海立信会计金融学院，副教授，金融学硕士。黄雨晗，女，上海立信会计金融学院，金融学院本科生在读。

① 本文获得2019年上海高校青年教师培养资助计划“优青项目”（ZZLX19029）资助。

重任（高慧斌，2018；陈慧文，2019）。任务虽然艰巨但意义非凡，在专业课堂中教师完全有能力也有方法帮助学生专业学习的基础上获得思想和价值观的锤炼，以期未来承担更多的社会责任，形成“富强、民主、文明、和谐、自由、平等、公正、法治”的社会主义核心价值观。

微观主体可以通过教育提升生存能力、思想品德和才能，获得个人尊严和幸福感的生命价值，提升为社会和他人做出有价值贡献的生命价值（顾明远，2019）。金融投资实务是相关经济类专业实践课平台必修课，本课程内容主要是依托相关证券投资软件，对证券进行模拟投资分析、交易。课程通过校内的金融投资仿真交易，加强学生对金融投资理论知识的理解，培养学生运用金融知识进行金融投资研判及综合分析的能力，训练学生的一系列证券投资实战技巧。针对金融课程的特点，以及对于国内外经济形势、价值选择、职业素养养成等方面的重要作用（孙波，2019），本文结合高科技行业的投资价值分析进行课程思政教学案例研究，具有非常重要的研究价值和现实意义。

一、大数据等高科技行业的价值分析

熊彼特提出康德拉季耶夫周期的重要驱动因素为科技创新，也是经济长期增长的驱动因素。从创新周期发展各个阶段的投资活动的演变来看，新技术早期，风险资本家为获取高额利润，迅速投资于新的活动和新的企业。但是新技术的不确定性伴随着这个进程，可能多数预期都以失望告终，从而导致企业转型经营未成功，金融投机产生的泡沫与技术狂热症和“非理性繁荣”一起破灭。随着另外一部分企业充分吸收并适应了新技术，引入期的紊乱状态消失，进而产生更加和谐的增长。随着技术应用及发展过程进入后期阶段，已是相对老旧的技术或成熟的技术边际收益递减，对于该领域的投资活动将减少，资金试图发现并逐渐转移到下一代重大创新上。总的来说，经济周期的推动力的根源还是科技创新，投资波动也是科技创新周期导致的结果。这使得大数据等高科技行业具备顺周期特征，符合经济周期波动的发展趋势。

我国已从高速增长转向高质量发展阶段，加大创新研发投入，大力发展大数据等高科技行业成为重要战略。目前，我国国内研发支出居世界第二，仅次于美国，专利授权量世界第一，在高铁、数字安防等领域居全球领先地位。WIPO 统计数据显示，2017 年中国专利授权量35万，排名世界第一；美国专利授权量28万，排名世界第三。从专利申请的领域分布看，中国在高铁、港口机械、民用无人机、数字安防方面处于全球领先地位；中国在生物医药技术、半导体、计算机技术方面与美国存在差距。美国在芯片、操作系统两大领域处于全球垄断地位。但“中国制造”正转向“中国智造”，以华为为代表的高科技企业崛起，国产手机品牌全球份额超过40%，我国供应商话语权正在提升。从全球市场来看，2018年二季度华为手机的全球市场占有率首次反超苹果，达到15.9%，三季度有所回落但仍接近15%。在5G标准制定上，2017年11月，华为主导的Polar码方案成为控制信道编码最终方案，这是我国首次获得编码规则制定权，成为5G标准制定的领头羊。从全球新经济的独角兽企业来看，2013年~2018年11月，全球共有292家独角兽企业，我国共84家，占28.5%，居全球第二。从估值角度来看，2018年美国独角兽估值总量依旧占据第一，我国第二，但是两国之间差距不大，且我国平均每家企业估值远高于美国。

随着科创板的推出，以及华为在5G技术的世界领先地位确认和替代型产业链的发展等，我国大数据等高科技行业具备较高的成长性和较好的投资价值。综合来看，经济周期驱动力、我国经济高质量发展的根源都在于科技创新的驱动，目前高科技行业正在以较高的投资价值和向好的发展趋势吸引投资者。作为金融学专业的学生，除了关注高科技行业带来的投资价值外，更可以从中获取更多的思政元素培养。

二、科技创新驱动的思政教学元素分析

（一）大国价值观与爱国奋斗精神

我国经济的高质量发展离不开大国价值观和科技创新的爱国奋斗精神。中国社会主义核心价值观中“富强、民主、文明、和谐”的大国价值观是上下五千年民族文化的深层次积淀，是中国共产党领导全国人民探索出的具有社会主义特色的核心价值观念。中国人民向往富强和民主，愿意以文明和谐的方式求发展，与世界上主要发达国家和发展中国家均建立了良好发展关系，并积极推动绿色可持续发展。因此，推动高科技行业的科技创新驱动，增大科技投入，保护环境，促进经济发展从高速增长向高质量发展的转变，就是我国大国价值观的核心体现。而作为新时代的大学生，要意识到中国社会主义核心价值观的优越性，更加自尊自信自强，充分发扬爱国奋斗精神。

（二）科技创新的力量——青年价值观

人的行为通过思想和价值观来衡量，人的思想和价值观通过行为来实现。青年时期是人生中思想和价值观塑造的黄金期，这个时期的青年人像海绵一样吸收各种思想，最终形成个体核心的价值观。这个阶段的特殊性也就决定了青年的思想是活跃的、具有高度学习性的，这个阶段也是塑造社会主义核心价值观的关键时期。在世界格局深刻转变，战争威胁、领土侵略逐步被非传统安全问题取代的历史背景下，习近平总书记提出新的安全观，指明了国家总体安全涉及国家在军事、政治、经济、文化、社会等各个方面的安全，中国特色社会主义事业的合格建设者和接班人应具有积极应对变化和风险的能力。进一步地，科技创新代表了一种积极向上、百折不挠的青年价值观，以大数据为代表的新型行业更蕴含了开拓创新的时代精神，是中国特色社会主义核心价值观为主导思想的青年价值观的重要体现方面。

（三）社会主义核心价值观的培养路径

习近平总书记在党的十九大上庄严宣告，中国特色社会主义事业进入了新时代，我们比历史上任何时期都更加接近、更有信心和能力实现中华民族伟大复兴的目标。但是，习近平总书记同时也在告诫我们“行百里者半九十”，社会主义核心价值观的培养任重而道远。将“爱国”与“奋斗”相结合，是习近平总书记适应时代发展的重大创造和理论创新。习近平总书记在不同场合多次谈到要弘扬新时代的爱国奋斗精神，并指出爱国主义是中华民族精神的核心，爱国主义精神激励着一代又一代中华儿女为祖国发展繁荣而不懈奋斗；幸福都是奋斗出来的，社会主义是干出来的，新时代是奋斗者的时代。同时，爱国奋斗作为一种精神力量和价值引领，是新时代坚持和发展新时代社会主义核心价值体系的内容指向。爱国奋斗精神指引我们坚持社会主义核心价值观、自足自信自强，在关键时刻守好原则，为国家经济发展贡献个人力量。

社会主义核心价值观对公民的倡导是“爱国、敬业、诚信、友善”，青年人是社会发展的中坚力量。党的十九大把习近平新时代中国特色社会主义思想作为党和国家的根本指导思想写入党章，在十九大报告的结语部分，习近平总书记明确提出“青年一代有理想、有本领、有担当，国家就有前途，民族就有希望”。这正是对青年价值观重要意义的鲜明表达。青年价值观的形成和大学教育息息相关，我们应充分领会习近平总书记在上述讲话中对广大青年提出的“勤学、修德、明辨、笃实”四点要求，将这些思想渗透到教学中去。

青年人要想为国家发展贡献力量，提高自身竞争力，就需要坚持勤学，“下得苦功夫，求得真学问”，向华为青年一样，用真学问报效祖国。“加强道德修养，注重道德实践”是修德的要求，无德之才在中国民族历史上一向是被唾弃之辈，而拥有道德是青年基于自身促进国家和社会发展的重要基础，青年人要从自我做起，从小事做起，积极养成良好的道德品质。大学德行通过大学成员的实际行为表现在教育教学、科研、管理的全过程，需要人的良知和严格的制度作保障（周川，2019）。国际形势风云变幻，网络时代信息纷繁复杂，面对向我国渗透的各种社会思潮，青年人须“善于明辨是非，善于决断选择”，善于分析现象背后的本质，在原则性问题上坚持正确立场和方向。作为金融专业的学生，在大数据技术飞速发展的今天，更应该加强自身职业修养，脚踏实地提升专业能力，为国家发展和个人能力的提升不断努力。

三、案例反思与总结

高校专业课程中的思政教育极具时代价值和个人价值，学生在案例学习中掌握专业知识，通过思政教育逐步形成自己的思想和价值观，由此形成独立判断，真正成长为一个在各方面具有较好素质的社会中坚力量。高校思想政治教育一定要结合学生实际和本校办学特色，结合学生成长环境和社会责任意识现状，适时适度调整思想政治教育中社会责任意识教育比重，切实保障教育的实效性。金融投资课程与国内外形势密切相关，这就为思政案例教学提供了最优质的土壤。对大数据等高科技行业的投资价值分析的教育教学中，关于大国价值观、青年价值观等的德育设计非常有利于大学生的思想和价值观形成。另外，在此门课中，还包括财务失信、风险赌博等众多案例可以挖掘更多的思政教育元素，可在今后的课程中进一步拓展研究。

参考文献

[1] 孙波．课程思政在金融基础课程中的实践探索［J］．商业经济，2019（9）：191－192.

［2］陈慧文．论习近平新时代中国特色社会主义思想中的传统文化观［J］．党史博采（下），2019（8）：6－7.

［3］周川．大学的德行：传统与现实［J］．教育研究，2019，40（1）：86－93.

［4］高慧斌．担当好人民教师的时代重任［J］．教育研究，2018，39（9）：20－23.

［5］顾明远．再论教育本质和教育价值观——纪念改革开放40周年［J］．教育研究，2018，39（5）：4－8.

18 “大数据＋金融”交叉应用型人才培养模式创新研究

王向进　张　云　黄俊杰*

摘要：当前以大数据为代表的金融科技迅猛发展，加之数据要素市场化的需求，促使当前经济环境中兼具金融业务、数据专业和信息技术的“大数据＋金融”交叉应用型人才需求凸显。因此，对高水平地方应用型高校培养高素质金融人才的要求愈来愈高。本文分析交叉应用型金融人才数据素养的基本要求和传统培养模式存在的问题，并从优化课程体系、创新数据资源、改革实践教学、加强协同育人等角度对交叉应用型高素质金融人才的培养模式进行详细探讨。

关键词：大数据；金融；交叉应用型；培养模式

引　言

随着经济发展特征由农业、工业向信息时代变迁，大数据作为重要的信息资源逐渐朝着新型生产要素形态演进。大数据在金融领域的应用最为广泛，预计2022年中国金融行业大数据应用市场规模将达到497亿元。大数据不仅仅解决金融领域海量数据存储、查询优化等问题，还可以依托数据分析平台跟踪客户行为、获取用户消费习惯和偏好等信息，从而为银行、证券、保险等金融部门实施风险和营销管理挖掘更有价值的信息（李拴保等，2019）。2020年4月9日中共中央、国务院公布《关于构建更加完善的要素市场化配置体制机制的意见》，鼓励包括大数据在内的要素交易平台与各类金融机

---

* 王向进，上海立信会计金融学院，金融学院，讲师，研究方向：企业并购、金融教学研究；张云，上海立信会计金融学院，金融学院，教授，研究方向：数据金融、绿色金融、金融教育等；黄俊杰，上海立信会计金融学院，本科生。

构合作，完善要素交易规则和服务。数据生产要素与金融等实体经济融合关系成为我国经济长期高质量增长的新动能，国家愈加重视大数据金融融合发展的机遇和挑战。

在此背景下，社会企业对具有大数据挖掘和分析能力的金融人才的需求给高水平地方应用型高校“大数据+金融”交叉应用型人才培养提出更高要求。高校“大数据+金融”人才培养模式创新的主要目标是顺应全国大数据金融发展的需要，将数据思维理念、数据分析方法和数据治理基本流程融入金融基础、专业课程和综合课程的教学环节中，使学生能系统掌握金融应用场景、智能数据分析、数据资源管理的创新实践方法。该模式的最终目的是培养具有良好数据素养，能够适应人工智能时代的金融人才和掌握金融业务知识的工程技术人才。

一、研究现状

为积极应对大数据引领金融业转型的趋势和金融复合型人才的需求，积极改革教学模式、培养创新型人才是未来高校需要重点解决的问题（魏锦婷，2019）。国内外诸多高校积极探索大数据金融人才的培养模式。日本高校立足微观金融市场经济主体对金融人才的需求，采用“产学合作”培养模式；具体行动渗透至多个层面，包括高校与企业师资交替、企业委派远程培训等；新加坡注重高校金融专业与金融企业的相互渗透，增设企业金融、中小企业融资等课程；美国在“合作教育”模式中注重培养学生商业领导素质（刘芳和吴炎太，2019）。国内高校也尝试优化课程体系，改革金融专业教学内容（申睿和吴金旺，2018；赵周华，2019）。如南京审计大学在教育部规划金融类课程标准的契机之下，优化调整课程设置，将大数据分析相关课程纳入投资专业的教学体系。

高水平地方应用型高校交叉金融人才培养模式创新必须融合传统金融理论与数据应用前沿（李东荣，2013），将大数据、人工智能、区块链、征信等前沿技术纳入金融类专业教学体系，重构学生知识体系，强化数理基础和计算机应用能力培养，夯实产学研实践教学基地，拓展理论联系实际途径、加强专业师资队伍建设等（许振国和姚海祥，2019），培养适应金融行业转型和国家经济发展需要的“金融+大数据”交叉应用型人才。

因此，本文结合基于大数据发展语境，探索交叉应用型金融人才的培养模式，内容涵盖人才培养基本要求、传统培养模式面临的问题及培养模式的创新建议。本文旨在研究跨学科金融人才培养模式的难点问题，构建培养交叉应用型金融人才数据素养的创新模式。

二、交叉应用型金融人才数据素养的基本要求

以大数据为特征的金融科技给传统金融行业带来强烈的创新助推力，迫使高水平地方应用型大学必须变革金融人才培养的基本要求，积极探索金融行业创新性应用和运行环境深刻变化背景下交叉应用型金融人才数据素养培养的基本要求。

（一）数据挖掘获取能力

大数据时代金融市场上实时更新的高频行情数据和相关基本面信息呈爆发式增长态势，这对金融人才数据获取能力提出更高要求。投资领域亟需具有数据挖掘获取能力的金融人才（舒家先等，2019），即能够借助互联网、云计算、区块链等新兴信息技术从海量数据中获取和筛选关键信息，快速分类整理繁杂数据的量化投资人才。

（二）数据处理分析能力

数据处理分析能力是大数据时代金融行业发展的迫切需求和未来金融机构发展的核心竞争要素。大数据在商业银行、保险公司、证券公司等金融机构产生极大、极快的数据积累，这些数据为金融机构新兴金融工具决策、降低风险、预测收益和跟踪管理等提供重要规律和精确的决策依据。不仅如此，依据数据分析实现智能化数据推送亦成为金融机构设计精准化营销和可靠服务提供强大支持的重要依据（李东荣，2013）。加之数据分析和数据挖掘技术的日益普及，反向要求金融人才具有强大的数据资产管理和处理分析能力。

（三）金融数据建模能力

虽然金融业拥有强大的交易数据流，但其数据化应用和数据分析程度远远落后于普通电商和电信行业，数据价值的挖掘是金融业亟待解决的问题。传统金融数据统计核算反馈滞后、时效性差，难以满足决策层的需求（于刚和张曼林，2018）。因此，要求高校培养一批具有金融数据建模分析能力的金融工程人才，能够运用深度学习、AI 算法等金融智能技术构建算法模型预测投资回报和可能的结果；利用机器学习实现实时分析和算法交易等。

三、传统培养模式面临的问题

目前，部分高水平地方应用型高校在“大数据+金融”交叉应用型人才培养的方向主要以单纯的数据分析知识和技术方法的教授为主，而难以做到将数据处理和分析的能力与金融相关专业紧密结合，从而导致金融学科人才的数据分析技能转化为实际专业应用的能力欠缺。具体体现在：

（一）课程开设不充分

多数高校对数据处理类基础课程开设并不充分，在课程内容方面设置单一，且缺乏数据素养实训。数据处理类课程必须结合理论基础与实践，充分掌握数据处理技术和方法。某些高校响应金融企业需求，在课程设置上增设数据素养相关课程，如 R、Python、Stata 等数据分析类软件使用和统计学、计算机编程、算法建模等基本技能基础（尤利平，2019）。这些方面的教学主要涉及数据处理和分析基础专业知识，但是缺乏实际问题的大数据处理和分析的专项训练，学生并未将所学知识融会贯通，数据素养实训匮乏。

（二）实践课程创新不足

传统教学重理论轻实践，难以满足大数据背景下金融类专业教学效果的要求。理论与实践有效融合是解决学生实践能力缺失的关键。在传统教学中部分教师会采用机械式灌输的教学方式，学生被动接受知识，积极性和互动性欠缺。因此，不少高校开设实践课程，通过模拟实验平台的形式让学生了解银行、证券等金融机构的工作方式和内容，从而解决忽视实践教学的问题。虽然诸多学校认识到了实践教学的重要性，但是案例陈旧、实验室软硬件落后、社会实践形式单一等问题是目前不可否认的事实（许振国和姚海祥，2019）。

（三）产教融合缺乏校企合作

目前多数高校实践教学效果欠佳，主要原因在于缺乏校企合作，真正的实践不足；以及实验教学时间较短，学生实际操作地位低下等（舒家先等，2019）。这些问题导致高校实验实训难以达到预期效果。产教融合未能与企业很好地对接，直接导致人才培养与金融企业的需求无法有效衔接，不利于高水平地方应用型高校交叉应用型高素质金融人才的培养。

四、交叉应用型高素质金融人才培养模式创新建议

高水平地方应用型高校“大数据+金融”交叉型人才培养模式创新需要针对专业情况采用特色方案。在现有金融类专业人才培养体系的基本框架下，分别从课程体系、数据资源、实践教学、协同育人等角度探索交叉应用型高素质金融人才培养体系和人才培养模式创新的思路。

（一）优化课程体系，重构课程内容

交叉应用型高素质金融人才培养的一大难点是实现课程体系由金融逻辑向技术逻辑的转型创新。金融类专业本身对数据逻辑及数据处理要求很高，高校必须优化金融类专业特色课程体系，重构课程内容。首先，统计学和数据分析的技术是交叉型金融人才进行大数据处理的重要手段，因而首要路径是开设支撑金融类课程体系优化转型的计算机类课程，如 Python 语言、MySQL 系统管理等。其次，针对不同专业金融类课程开展教学改造。例如，金融学、证券投资学等课程内容涵盖海量政府统计数据和金融市场数据，可以针对该类适合计算机处理数据资源的课程实施数据思维的课程资源重构和数据方法改造；针对与 Python 语言联系紧密的金融工程、金融数据分析等课程实施 Python 数据化教学改造。最后，打造金融类专业特色课程体系，增设互联网金融、金融科技基础等交叉型课程。

（二）创新数据资源，加强数据意识

交叉应用型高素质金融人才培养的一项重要思路是实现课程资源由仿真案例向数据资源转型。在系统梳理金融类专业课程知识脉络、难点和重点的基础之上优化课程体系，提炼各类专业核心数据。并且，针对金融类专业基础课程改革教学手段，具体措施为以数据元素提取、归类、建库、管理和编程为基础，以数据元素为中心链接创新课程知识脉络。最重要的是通过配合专业课程搭建金融数据资源库，加强学生数据意识，培

养学生面向数据元素融合的思维理念，从而创新程序设计基础数据化教学方法。

（三）实验教学改革，构建专业实验实训体系

为了将数据思维基本理念全方位深度融入交叉应用型高素质金融人才培养的过程中，必须构建面向金融数据分析的专业实验实训体系，搭建综合教学平台，促使实验教学由验证性项目向设计性项目转型。首先，通过设计性实验课程培养学生统计分析应用能力。其次，开发“大数据 + 金融 + 人工智能”特色课程，依托综合实验教学平台实施面向大数据金融应用的数据分析项目实验、实训，培养掌握人工智能技术的数据分析能力。构建专业实验实训体系的目标是培养学生金融领域的知识融合和实践创新能力。

（四）加强校企合作，探索协同育人模式

依据“高教四十条”中对加强实践育人平台建设的意见要求，诸校采取措施提高实践教学比重，构建与理论教学衔接紧密的实践教学体系。构建特色鲜明的实践教学体系需与各类金融投资机构探索协同育人的新模式，加强校企合作，共建实验室、核心课教学团队，共同开发量化投资课程，共同合作推进金融投资创新大赛等合作项目。另外，需加强与教育培训机构合作模式创新，探索 CFA、FRM 等高含金量金融职业证书培训实验班，在培养方案中内置考试核心课程，拓展学生国际化视野，提升就业能力和竞争力。

参考文献

［1］李拴保，祁慧敏，魏红彬．“财经 + 大数据 + 人工智能”复合型人才培养模式创新探索——以河南财政金融学院为例［J］．河南财政税务高等专科学校学报，2019，33（6）：72 - 74.

［2］魏锦婷．大数据背景下金融工程专业创新人才培养研究［J］．时代金融，2019（24）：134 - 135.

［3］刘芳，吴炎太．金融大数据复合型人才培养模式研究——以广东金融学院为例［J］．中国管理信息化，2019，22（19）：198 - 202.

［4］申睿，吴金旺．教育大数据背景下职业技能培养体系研究——基于浙江金融职业学院互联网金融专业“五步走”实例［J］．教育学术月刊，2018（8）：73－80.

［5］赵周华．大数据背景下金融专业实验教学的现状及改革思路［J］．辽宁教育行政学院学报，2019，36（5）：66－70.

［6］李东荣．大数据时代的金融人才培养［J］．中国金融，2013（24）：9－10.

［7］许振国，姚海祥．科技金融时代背景下金融人才培养模式思考与改革［J］．科教导刊（上旬刊），2019（12）：52－53.

［8］舒家先，易苗苗，唐璟宜．大数据时代量化投资人才培养模式优化研究——以安徽财经大学为例［J］．赤峰学院学报（汉文哲学社会科学版），2019，40（10）：28－31.

［9］于刚，张曼林．大数据背景下金融工程专业创新人才培养研究［J］．科教导刊（下旬），2018（3）：47－48.

［10］尤利平．应用型高校金融工程专业学生数据素养培养探析［J］．经济研究导刊，2019（29）：104－105.

19　大数据背景下的教学改革探索

——以投资银行学为例

丁忠明　樊宁宁*

摘要：大数据、人工智能等新技术和人们的生活越来越密切，作为最具新知识吸收能力和最具活力的群体，大学生对大数据技术的应用应更为得心应手，将大数据应用到大学课堂教学是刻不容缓的任务。

本文以大数据在投资银行学课程教学改革中的作用为基础，探索将大数据应用在投资银行学课程思政及投资银行业务领域，特别是关于IPO和再融资业务过程，因为这些业务流程特别需要注意审核方的重点关注问题，也特别需要紧跟监管部门的指导意向。从文中研究结果看，大数据在投资银行学的应用具有广阔空间。

近年来，大数据在云计算、人工智能等领域的应用越来越广泛，大数据也以高频率出现在各级政府工作报告中。在金融领域，监管机构可以利用大数据发现财务造假的疑点，可以利用大数据发现二级市场股价操纵的痕迹，可以利用大数据发现不法分子的行踪等。而投资银行业务人员也可以利用大数据寻找未来的客户资源，利用监管部门在融资审核或者注册问询过程的大数据预测审核方的重点关注问题，从而在准备申报材料过程中把握方向。

一、投资银行和投资银行学课程简介

投资银行业务最初产生于欧洲，第一家证券交易所于1613年在阿姆斯特丹成立，

* 丁忠明，上海立信会计金融学院，金融学院，讲师，硕士，主要从事投资银行学、金融投资实务、投资学等课程教学与科研。樊宁宁，上海立信会计金融学院，金融学院，2017级金融学（CFA）13班。

进行股票、债券等有价证券的发行与交易。广义的投资银行业务包括跟直接融资有关的一切金融业务，一般指证券公司相关业务，包括一级市场的证券发行与承销保荐业务，二级市场经纪业务、代客资产管理业务、证券投资咨询业务、证券公司直投及二级市场自营业务以及融资融券业务等。狭义的投资银行业务指与一级市场发行承销及收购兼并相关的业务。我校开设的投资银行学课程属于狭义的投资银行。

投资银行学课程在我校开设已有10多年，在金融学大类部分方向、金融工程等专业等开设选修课，在投资学专业开设必修课，并同时向外国留学生开设全英语课程。由于投资银行业务是偏向实务操作的课程，是金融中最为体现创新的业务，业务操作要密切紧跟审核方，而我国资本市场从无到有，发展超常规，中国证监会（以下简称“证监会”）为适应市场的发展不断修改完善或出台新的业务规则，投资银行学课程具有跟随政策时效强的特点，而国内有关投资银行学的教材由于出版周期等因素，无法及时更新并体现有关最新政策的变化，无法利用大数据指导投资银行业务最新发展方向，也无法及时体现我国投资银行业务的蓬勃发展。因此，有必要将最新关于投资银行业务的大数据在课堂上展示给学生，有必要探讨投资银行学大数据下的教学改革。

二、关于投资银行学课程顺应大数据的教学改革若干思考

（一）从近几年首次公开发行A股股票（以下简称“IPO”）募集资金规模及家数，看如何将课程思政融入投资银行学课程

（1）从2019年上海证券交易所（以下简称“上交所”）IPO募集资金量的国际对比，凸显上海国际金融中心建设成就，强调社会主义制度自信。

截至2020年3月31日，经过近30年的发展，上交所现有上市公司1605家，其中上市A股1598只，B股50只，上市公司总股本40914.77亿元，流通股本35774.47亿元。上市交易的证券总数18914只。2020年3月为国家代扣印花税71.57亿元。

上交所在短短30年内取得了超常规的发展，体现了上海国际金融中心建设的成就。IPO募集资金量是衡量一个交易所市场融资功能和市场繁荣程度的主要指标，表19－1为2019年全球筹资量排名前五的交易所IPO募集资金量。

从表19－1看，香港交易所（以下简称“港交所”）以3120亿港元排第一，沙特

证券交易所（以下简称“沙交所”）以2380亿港元排第二，纳斯达克排第三，上交所以2055亿港元排第四。

表19-1　2019年全球证券交易所IPO情况（前五）

	IPO募集资金量（单位：亿港元）	IPO家数
港交所	3120	161
沙交所	2380	5
纳斯达克	2130	140
上交所	2055	120
纽约交易所	1810	38

资料来源：港交所、沙交所、纳斯达克、上交所、纽约交易所、证监会等资料整理。

但就表19-1仔细分析，沙交所2019年因史上最大IPO——沙特阿美一家融资2304亿港元而获得第二，从沙特的经济体量来看，沙交所竞争力不具备可持续发展能力。而港交所又因阿里巴巴1012亿港元IPO挣得头名，相信在上交所科创板注册制试点以及国内在2020年3月1日适用新《证券法》后，上交所将能吸引像阿里巴巴这样特殊架构的公司，所以，上交所IPO募集资金量和纳斯达克将不分上下甚至极有希望在不久的将来超越纳斯达克拔得头筹！

扣除沙特阿美IPO和阿里巴巴香港IPO，2019年全球交易所募集资金量见表19-2。如果阿里巴巴香港IPO能回归上交所，2019年无疑是上交所获得头名！

表19-2　2019年全球主要证券交易所IPO情况（扣除特殊情况）

交易所	IPO募集资金量（单位：亿港元）	IPO家数
纳斯达克	2130	140
港交所	2108	161
上交所	2055	120
纽约交易所	1810	38

（2）2013~2019年我国IPO募集资金总量维持震荡攀升，证券市场融资功能愈发强大，习总书记领导下的供给侧改革特别是金融供给侧改革大见成效。

表19-3是2014~2019年我国IPO总体募集资金量和家数，从市场募集资金量来看，证券市场的直接融资功能在IPO上得到了恢复和发展。

根据表19-3，绘制IPO募集资金量柱状图如图19-1，从图19-1可见，从2014~

2019 年，IPO 年度募集资金规模震荡向上，一扫二级市场熔断阴霾。

表 19－3　　2014 年以来我国 IPO 情况统计

年份	募集资金量（单位：亿元）	IPO 家数
2014	669	125
2015	1695	223
2016	1496	227
2017	2301	438
2018	1378	105
2019	2532	203

资料来源：证监会、上交所、深交所等。

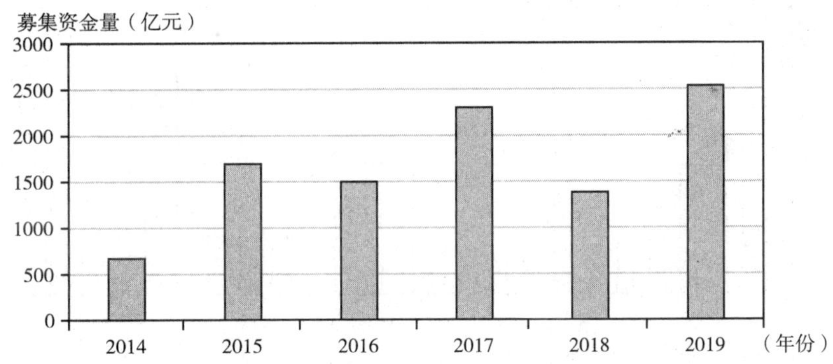

图 19－1　2014 年以来我国 IPO 筹资情况

（3）2018～2019 年是金融供给侧改革攻坚克难关键节点，从 2018 年 1 月～2019 年 12 月的月度 IPO 融资情况看，证券市场供给侧改革取得决定性胜利。

表 19－4 是 2018 年 1 月～2019 年 12 月的月度 IPO 募集资金规模表。

表 19－4　　2018 年 1 月～2019 年 12 月 IPO 月度规模表

月份	募集资金（亿元）	数量（家）	月份	募集资金（亿元）	数量（家）
2018－01	989	15	2018－08	1127	6
2018－02	1100	12	2018－09	294	11
2018－03	903	10	2018－10	299	5
2018－04	524	9	2018－11	278	8
2018－05	410	8	2018－12	867	5
2018－06	672	9	2019－01	1025	16
2018－07	1745	7	2019－02	1134	6

续表

月份	募集资金（亿元）	数量（家）	月份	募集资金（亿元）	数量（家）
2019－03	196	11	2019－08	541	15
2019－04	426	10	2019－09	1005	11
2019－05	424	13	2019－10	470	16
2019－06	459	10	2019－11	693	31
2019－07	1562	37	2019－12	1603	27

资料来源：证监会、上交所、深交所等。

根据表19－4，从融资的家数看，2018年多数月份都是个位数，而2019年家数大为增加，而且除了2月因为春节因素，其他月份IPO家数都保持两位数。根据表19－4绘制的2018年1月~2019年12月IPO的月度融资规模如图19－2所示。

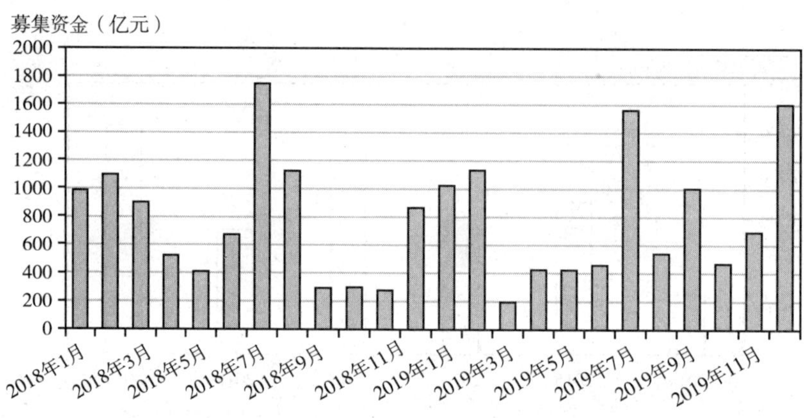

图19－2　2018年1月~2019年12月IPO月度融资

（二）以再融资大数据为例，让同学在投资银行学课程学习过程中及今后的工作中可借助大数据帮助学习，指导业务工作，利用大数据预测业务发展方向

（1）从2017~2019年再融资结构大数据配合理解2020年再融资新政出台的必然性及监管层的再融资取向（本文以含股权类再融资为研究基准，不考虑纯债权融资的公司债和极少数量的优先股）。

《上市公司非公开发行股票实施细则》是上市公司非公开发行股票的指导性文件，于2007年9月17日颁布。为适应市场，规范引导上市公司再融资行为，2017年2月15日，证监会对其进行了修改，市场称为“再融资新规”。再融资新规对过去多年主力上市公司再融资品种——定向增发在融资规模、时间、定价等方面作出了诸多限制，并特别对可转债在政策上给予大力支持。

从大数据分析，可转债在政策的支持引导下呈现井喷态势，逐渐成为上市公司再融资的热门品种，特别是刚刚完成首发或非公开发行普通股的上市公司。

假设暂不考虑优先股、公司债融资，表 19 - 5 是上市公司 2017 ~ 2019 年再融资规模情况，表 19 - 6 是 2017 ~ 2019 年再融资家数。

表 19 - 5 上市公司 2017 ~ 2019 年再融资规模 单位：亿元人民币

年份	总量	公开增发	定向增发	配股	可转债
2017	13718	0	12569	202	947
2018	8622	0	7642	189	791
2019	9694	89	6746	168	2690

资料来源：证监会、上交所、深交所等。

表 19 - 6 2017 ~ 2019 年再融资家数

年份	总量	公开增发	定向增发	配股	可转债
2017	593	0	539	10	44
2018	347	0	265	12	70
2019	370	3	228	11	128

资料来源：证监会、上交所、深交所等。

从表 19 - 5 及表 19 - 6 看，上市公司再融资的品种结构完全跟着证监会的政策导向走，虽然主力品种依然是定向增发，但可转债占比逐渐稳步攀升，而公开增发几乎被忽视，配股这种再融资方式每年稳定在 10 多家。

可转债在证监会的扶持下，再融资筹资量及家数从 2017 年的 947 亿元和 44 家，稳步增长到 2019 年的 2690 亿元和 128 家；而定向增发的筹资量从 2017 年的 12569 亿元下降到 2019 年的 6746 亿元，家数从 2017 年的 539 家下降到 2019 年的 228 家。

如果将表 19 - 5 中的融资规模按各再融资品种占总规模百分比来考察，得到表 19 - 7。

表 19 - 7 再融资品种比例情况

年份	总量	公开增发	定向增发	配股	可转债
2017	100%	0	91.60%	1.50%	6.90%
2018	100%	0	88.60%	2.20%	9.20%
2019	100%	0.9%	69.60%	1.70%	27.70%

从表 19 - 7 看，可转债再融资比例从 2017 年的 6.9% 稳步攀升到 2019 年的 27.7%，而定向增发依然是再融资主力品种，但比例从 2017 年的 91.6% 下降到 2019 年

的69.6%。

图19－3是2019年再融资品种比例。

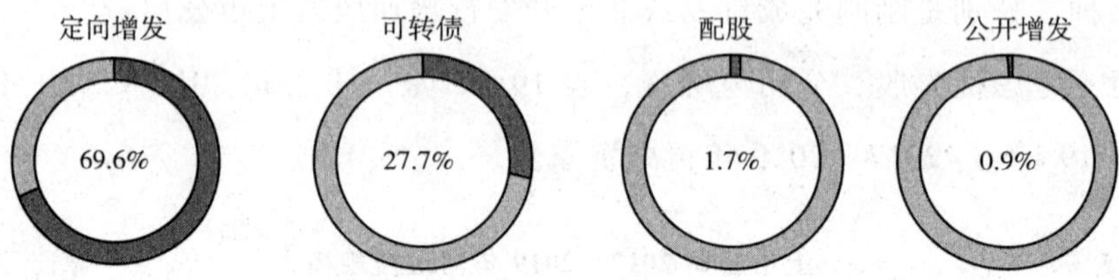

图19－3　2019年再融资品种比例

可转债日益火爆的主要原因如下：

再融资新规的政策支持，可转债不受"18个月"的融资冻结期限制。

可转债不受非公开发行锁定期的影响，可实现及时减持。同时投资者较为认可可转债价值，发行成功率相对较高。

可转债属于监管层鼓励的融资品种，享受绿色审核通道。根据证监会有关数据统计，可转债项目过会率较高。同时，可转债项目周期也相对较短，从公告预案到发行完毕大约需要6~10个月，具备较高的融资效率。

综上，再融资的大数据可以完美预测发行人的偏好，发行人的偏好也完全是审核方政策引导的结果。在投资银行学课程的教学中，可以以再融资大数据为例，引导学生利用大数据更好地学习课程，利用大数据指导今后的投资银行业务工作。而2020年的再融资新政的出台也早就在大数据技术预测之中！

（2）2020年2月14日的再融资新政。

《上市公司证券发行管理办法》《上市公司非公开发行股票实施细则》等在2020年2月14日完成进一步修订，业内简称"再融资新政"。

再融资新政呈现如下特点：

继续鼓励发行可转债，发行规模进一步宽松；

定向增发也更加便利，支持引入战略投资者；

创业板再融资门槛有所降低；

严禁任何形式的"保底定增"条款；

规范和引导上市公司理性融资。

（3）再融资新政下2020年再融资品种的最新月度数据。

表19－8、表19－9分别是截至2020年4月27日的再融资规模及再融资家数。根

据表 19－8 数据，即使受到新冠疫情的影响，股票二级市场有所震荡回调，但再融资市场影响不大。1～4 月的再融资市场延续了前 3 年的风格，没有一家选择公开增发。配股市场依然我行我素，特立独行。增发和可转债依然是主打品种，而且从新政出台后的 2020 年 3 月和 2020 年 4 月再融资数据来看，可转债融资规模进一步增长。

表 19－8　　2020 年 1～4 月再融资规模　　单位：亿元人民币

月份	合计	公开增发	定向增发	配股	可转债
1	542.1	0	338.6	44.4	159.1
2	481.7	0	423.4	8.7	49.6
3	1120	0	777.6	137.5	204.9
4	611.4	0	470.3	0	141.1
合计	2755.2	0	2009.9	190.6	547.5

资料来源：证监会、上交所、深交所等。

根据表 19－9，2020 年 3 月选择可转债的家数 23 家，而选择定向增发的家数 12 家，可转债家数首次超过定向增发。2020 年 4 月继续强化，选择可转债的家数 21 家，而选择定向增发的家数 12 家，可转债家数再次超过定向增发。截至 4 月 27 日，2020 年再融资的家数总计，可转债 62 家，定向增发 55 家，可转债首次完成再融资家数的反超。

表 19－9　　2020 年 1～4 月再融资家数

月份	总量	公开增发	定向增发	配股	可转债
1	31	0	18	2	11
2	21	0	13	1	7
3	39	0	12	4	23
4	33	0	12	0	21
合计	124	0	55	7	62

资料来源：证监会、上交所、深交所等。

表 19－10 是按照再融资家数对再融资品种进行比较。据表 19－10，如果以再融资的家数计，可转债在 2020 年 3 月和 4 月比例分别为 59% 和 63.6%，而定向增发家数比例分别为 30.7% 和 36.4%。由于定向增发再融资的融资规模依然远超可转债，可见更多的中小上市公司选择了可转债。

表 19 - 10　　2020 年 1 ~ 4 月再融资品种家数占比

月份	总量	公开增发	定向增发	配股	可转债
1	100%	0	58.1%	6.5%	35.4%
2	100%	0	61.9%	4.8%	33.3%
3	100%	0	30.7%	10.3%	59%
4	100%	0	36.4%	0%	63.6%
合计	100%	0	44.4%	5.6%	50%

图 19 - 4 是根据表 19 - 10 列示比例，显示 2020 年 1 ~ 4 月定向增发家数占再融资家数比呈下降趋势。

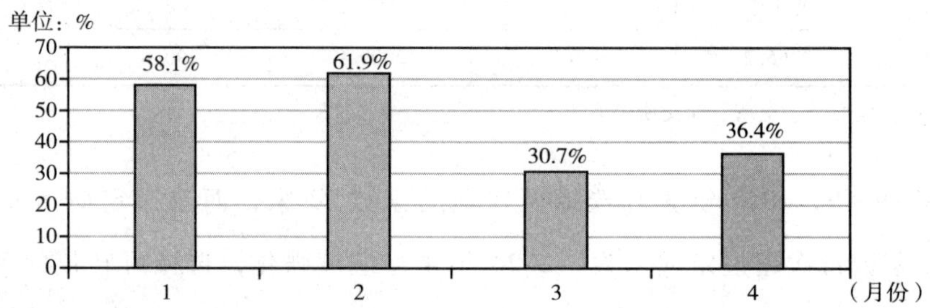

图 19 - 4　2020 年 1 ~ 4 月定向增发家数及占比

图 19 - 5 是根据表 19 - 10 列示比例，显示可转债 2020 年 1 ~ 4 月家数占再融资家数比呈上升趋势，和定向增发形成鲜明对比。短时间内 2020 再融资新政效果立竿见影。

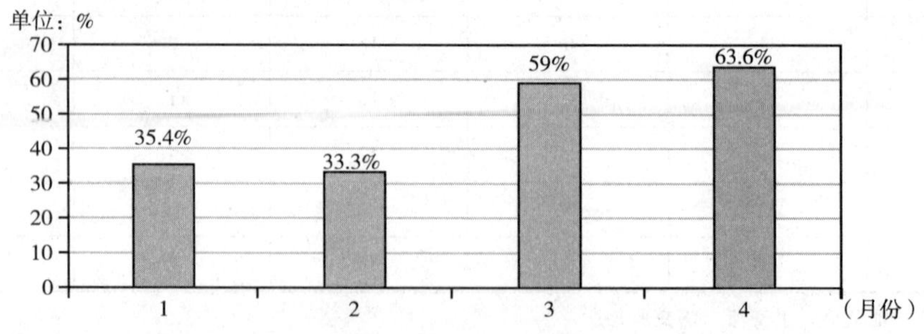

图 19 - 5　2020 年 1 ~ 4 月可转债家数占比

在再融资新政的正确引导下，上市公司特别是中小规模上市公司有了更多的选择，而这种选择对市场的冲击比较温和，或者说市场会欢迎新政。

三、结语

综上所述，本文仅仅以 IPO 和再融资部分业务的大数据对投资银行学课程的教学改革做了探讨。投资银行业务种类丰富，还可以将更多投资银行业务相关的大数据融合到本课程的课程思政和教学改革，从而引导同学在今后的工作中利用大数据技术更好地为客户提供高质量的投资银行服务。

大数据在投资银行学的教学改革中还有非常多的工作要做，这也提醒投资银行学课程的教学工作要不断研习，不断进步！

参考文献

[1] 卫欢欢，徐培林. 大数据与高校教育改革 [J]. 教育，2016 (11).

[2] 教育部. 教育部关于深化本科教育教学改革全面提高人才培养质量的意见. 教高〔2019〕6 号.

[3] 徐兆明. 大数据在教学中的运用 [J]. 教育（文摘版），2018 (9).

[4] 阎敏，研鑫. 大数据在教学中的运用 [J]. 新教育时代 · 教师版，2016 (45).

[5] 陆璟. 大数据及其在教育中的应用 [J]. 上海教育科研，2013 (9).

[6] 熊宵. 从“慕课”到“小微课”看大数据在教学中的应用 [J]. 当代教育实践与教育科研，2017 (10).

[7] 邱天，凌霄虹，崔炜婷. 大数据技术在教学远程教育中的应用分析 [J]. 教育现代化，2018 (3).

20　大数据背景下信用管理专业人才培养创新探析

周珊珊　李杰群*

摘要：大数据发展正在改变和影响着我国的信用管理方式，因此信用管理专业人才培养也应紧跟时代的脚步进行调整。本文从大数据发展对我国信用管理专业建设的挑战出发，从课程设置创新、教学团队建设创新、教学理念创新三个方面对大数据背景下的信用管理专业人才培养的创新进行了探析。

关键词：大数据；信用管理；人才培养

一、引言

近年来，我国政府一直在积极推进"放管服"改革，推动大数据、互联网和云计算等信息技术在信用管理系统中的应用。我国各级政府正在着力打造社会信用体系大数据平台，信用管理机构、征信企业、信用评级等机构也在逐步应用大数据和方法，这也对当下的信用管理专业培养提出新的挑战。

信用管理学专业建设在我国开始于2002年，目前我国开设信用管理专业的高校有近30所。2012年教育部将信用管理专业正式归口为金融学专业类，因此大部分学校信用管理专业都是在金融学院内，大多采取"基础课+专业课"的教学模式，部分学院为包括就业导向课程的CPE三段式教学模式。经过近20年的发展，信用管理专业的建设也日趋成熟。但是，随着近年来大数据技术在政务互联、信用管理、征信机构、评级机构等领域的广泛使用，信用管理的手段和方式正在发生变化，这对我们高校信用管理

---

* 周珊珊，上海立信会计金融学院，讲师，目前从事创新与高技术产业发展等方向研究。李杰群，上海立信会计金融学院，副教授，目前从事信用管理、长三角信用一体化等方向研究。

专业的课程建设和设计提出了挑战。但每个学科发展都有自身发展的惯性，迫切需要我们打破这种惯性，从课程设计、教学模式、教学理念等方面进行相应的调整，以满足当下的大数据技术迅速发展需要。

二、大数据发展对我国信用管理专业建设的挑战

大数据的主要特征是数量大、多样化和潜在价值大，这种特征也决定了其在信用管理方面的应用，并对我国信用管理专业的建设提出了许多挑战。

（一）大数据发展背景下的社会信用体系变化

当下的社会信用体系正在演化。传统的单一主体正在被包括个人、企业、公共部门等不同主体所替代，传统的数据分析和处理方法也逐步在被大数据技术的支撑下的海量数据处理和分析系统所替代。随着我国各地的政务互通建设，政务信息壁垒正在被打破，信用数据的“数据烟囱”“信息孤岛”等问题正在被解决。因此，信用管理专业教学需要不断修订教学计划、教学方式等来适应社会信用体系的发展。

（二）大数据背景下的征信方式的变化

当下我国的很多具有互联网背景的第三方征信机构，都在通过云计算、机器学习等技术来呈现个人的信用状况。这些机构已经在信用卡、融资租赁、消费金融、公共事业服务、学生事务服务等涉及生活方方面面的各个场景，为各级用户提供多样和多元的信用服务。当下的信用数据正在迅速膨胀并呈现出指数级增长的趋势，面对各行业的海量数据，如何将海量的非结构化的多样的大数据进行整合、处理甄别处有效信息并加已利用是社会征信建设面临的重要问题。教育应该具有一定的前瞻性，我们不仅仅要教会学生掌握当下使用的技术，更要让学生具有一定的对未来的判断能力。因此信用管理专业的建设必须适应大数据技术发展对我们传统教学课程设计的挑战。

（三）大数据背景下的师资建设的挑战

由于我国信用管理专业起步较晚的现实，授课教师大多并非信用管理专业毕业，大多是针对信用管理专业学科的建设过程中的“干中学”。我国信用管理体系也是在“干

中学”建立起来的，而且在当今信息技术和大数据技术的发展下，行业发展和更新速度很快，信用管理系统实践也在不断地发生变化。但是目前信用管理专业大多数的师资都缺乏行业从业背景，在大数据发展背景下，对信用管理师资队伍的建设上提出了更大的要求。

（四）大数据背景下信用管理应用场景变化的挑战

大数据时代是一个信息管理的时代，各种类型的信息化管理平台在这个时代下应运而生，包括金融、税收、工商等社会信用管理服务平台逐步搭建和完善。如何跟上时代的步伐、适应信用管理应用场景的变化并运用新兴的大数据研究方法来进行信用管理是信用管理专业建设的重要内容。

三、应对大数据背景下的信用管理专业人才培养创新

大数据技术是复杂的，应用背景是广泛的，因此需要信用管理专业建设团队结合大数据专业团队，多层面、多角度地共同分析大数据背景下信用管理专业人才培养创新。

（一）课程设置的创新

大数据产业的核心是大数据技术，大数据产业核心技术包括大数据采集技术、大数据预处理技术、大数据存储及管理技术、大数据分析及挖掘、大数据展现和应用五大块。对于信用管理专业建设，我们需要不断分析大数据核心技术中，在未来可以为信用管理专业服务的技术，有针对性地授予学生相关的知识。具体可以从以下几个方面开展：

（1）引入大数据核心技术概览课程。

大数据核心技术本身相对复杂，其社会科学背景学生难以掌握。但是如果对于基础的核心技术知识缺乏，在今后的信用管理实践中就难以和技术部门合作，进行信用管理活动。因此，可以开设大数据核心技术概览等课程让信用管理学生对大数据技术有个基础的认识。

（2）大数据采集技术是目前我国的各个信用管理部门和机构都在从事的工作。

大数据采集技术是通过 RFID 射频数据、传感器数据、社交网络交互数据及移动互

联网数据等方式获得的各种类型的结构化、半结构化（或称为弱结构化）及非结构化的海量数据，是大数据知识服务模型的根本。大数据采集一般分为大数据智能感知层和基础支撑层。智能感知层主要是对结构化、半结构化、非结构化的海量数据的智能化识别、定位、跟踪、接入、传输、信号转换、监控、初步处理和管理等。基础支撑层提供大数据服务平台所需的数据库及物联网络资源等基础支撑环境。对于这些技术，可以建设信用管理专业大数据采集技术课程。

（3）在大数据五大技术中，大数据分析及挖掘也是未来信用管理专业的学生需要掌握的。

大数据挖掘技术中的数据挖掘算法、语义引擎等技术对于信用管理专业必要型不大，但是可视化分析和预测性分析相关课程的设计却是信用管理专业未来需要建设的。

（二）教学团队建设创新

信用管理产业是受以大数据为代表的金融科技影响比较大的产业，作为信用管理专业建设团队，也应该分析产业发展趋势，不断地进行团队建设模式的创新，这种创新可以从以下方面开展。

（1）打破学院边界，构建融合型团队。

在信息技术迅速发展带来的产业融合的背景下，我们应该逐步打破学院的边界，建立融合型的专业团队。产业融合是信息技术发展带来的产业发展的新方向，而当下的信用管理专业的科研和教研团队的组建大多是在金融学院内部甚至在信用管理专业内部，这样难以应对大数据带来的融合趋势的挑战。而高校也应该在科研团队的建设下，逐步打破学院边界，建立融合型的教学团队，更好地进行教研工作。

（2）引入从业人员，构建产教研一体团队。

信用管理专业的应用性相对较强，在信用管理的人才培养上一直是应用性和理论性相结合，同时也有部分职业性的教育。目前各大高校的信用管理专业的人才培养和专业建设上，都在努力让专业建设满足行业需求和符合学生今后职业发展方向努力，积极引入双师型教师。但是我国双师型教师一直非常短缺。所以我们要不断加大双师型教师的引入，同时也要积极和产业合作，逐步构建产教研一体团队。

（三）教学理念的创新

在大数据发展的背景下，金融专业的教学普遍开始呈现出科技、实训和教学相结合的趋势。信用管理专业建设也要跟上这种趋势，从以下两个方面开展创新。

（1）在教学理念上将科技、实训、教学相结合。

目前有越来越多的企业提供以大型数据库为核心的专业化信用管理教学平台，还有一些信用评级公司比如标普，他们的系统所提供的数据也可以满足信用评级的实践环境。这些虚拟的模拟教学平台可以帮助学生提高自身对信用评级的理解和实际的操作能力。

（2）在实验项目上，积极进行实验教学模式创新。

实验教学模式创新可以从实验课程模块化开始。实验课程模块化是当前实验课程改革的方向，进行实验课程模块化分类，有助于优化课程体系开发方式，可以减少资源的浪费。同时，还要结合大数据相关课程建设变化的实际来不断优化和设计实验室，优化实验室的硬件配置，以便于更好地提升信用管理专业的教学质量，提高学生应对大数据产业发展的挑战的能力。

21　大数据背景下的金融学专业国际化人才培养模式研究

吴皓明

摘要：当前大数据时代的快速发展及金融市场的一体化已成为必然的趋势，在这种背景下对金融学专业国际化人才的需求结构与专业要求也正在不断更新。复合型、应用型、创新型、国际化的办学目标，也已经成为各大高校人才培养模式的重要指标。本文将从上海立信会计金融学院的金融学专业国际化人才培养模式的实践着手，针对当下各大高校金融学专业国际化人才培养模式中存在的一系列问题，提出国际化人才培养模式的新思想和新方法。

关键词：大数据；金融学；国际化人才

引　　言

大数据时代伴随着互联网的更新，已经逐渐开始影响着我们的生活、工作、思维中的方方面面。而各国金融市场的联系日益紧密，也为旧有的金融学人才培养模式带来新的挑战。随着我国金融行业的高速发展，对国际化、高素质的金融专业人才需求日益显现。

多年来，我院以“复合型、应用型、创新型、国际化”作为人才培养目标，与国外各大高校保持着长期的合作与交流，在对外输出的同时，也引入了众多先进教育理念和教学方式。此外还通过每一学期的新开课程，新增与大数据相关课程，顺应时代发展的趋势。

本文将试图分析当下各高校金融学专业国际化人才培养模式中存在的问题，以我院“复合型、应用型、创新型、国际化”的人才培养作为核心思想，探究在大数据背景下，国际化人才培养模式的新思想和新方法。

一、数据的概念界定

自 2008 年，*Nature* 开辟“大数据”专栏，大数据迅速成为全球讨论的热门话题①。对于大数据的概念，时至今日，仍然没有完全统一的定论。维克托·迈尔·舍恩伯格在其著作《大数据时代》中，将大数据定义为：不使用随机分析法或者抽样调查，而采用对所有数据进行分析的处理方式②。

而目前较为普遍的定义，则是 IBM 所提出的大数据五大特征：Volume、Velocity、Variety、Value、Veracity。其中 Volume 指的是数据规模庞大，即数据的采集、存储和计算量都非常大，具体体现为，大数据的计量单位从 P 开始计算，也可以换算为 1000 个 T；Variety，则是指数据的种类和来源呈现多样化的趋势；而 Value 则体现了大数据背景下，数据价值密度低。现如今互联网在人们工作及生活中得到广泛应用，因此信息感知无处不在，密集的信息却造成了价值密度较低；Velocity，高速发展的互联网使得数据增长速度快，同时数据的流动速率也因此而加快，所以对数据采集与分析的时效性要求极高。Veracity 指数据的准确性，在大数据的环境下数据往往拥有较高的信噪比。

二、金融学专业国际化人才培养模式的特点及问题

（一）金融学专业国际化人才培养模式的特点

国际化人才培养的特点，简单来说就是要着力于与国际并轨，吸纳国际上先进的教育理论，并与本土化教学相结合。而其中最为关键的一步则是确立人才培养目标。

而随着我国与世界各国的贸易往来日益密切，世界经济和金融一体化趋势也正在不断地加速，各国金融市场间联系也随之紧密，国际化人才培养的重要性日益凸显。因此在人才培养的过程中，需要我们的学生能够纵观全球，对金融行业进行动态研究，同时

---

① Nature. Big Data [EB/OL]. [2012-12-12]. http://www.nature.com/nature/journal/v455/n7209/.

② 维克托·迈尔·舍恩伯格. 大数据时代 [M]. 浙江人民出版社，2012.

应具备从全球视角去分析和看待各国金融现象，以此解决金融行业问题。在这一视角下，金融学专业的国际化人才，需要具备宽广的国际化视野，熟悉各国的金融市场及国际金融市场的运行规则。

与此同时，相比于国外尤其是西方成熟的金融市场、完整行业制度体系以及颇具实力的金融机构。我国的金融行业，就现阶段而言，仍然处于起步阶段，国内的各大金融机构相比西方国家总体实力偏弱，抗风险能力差，竞争性低。而提升金融行业核心竞争力的关键，就是金融学专业国际化人才的培养。以高水平国际化人才作为依托，努力实现我国金融行业的长期较快发展，进一步扩大我国金融行业的影响力。此外，在以高标准的要求下培养金融学专业国际化人才时，不仅仅要使学生具备扎实的金融学专业基础，更要使其具有较强的行业实操能力，能够在金融人才市场上具有双重竞争力。

（二）金融学专业国际化人才培养模式的问题

1. 专业定位

由于金融学专业所涉及的范围较广，门类较多，常见分类有：国际金融、金融理财、合规与反洗钱等。这一特殊背景，导致金融学专业在教学和管理中，各专业的发展路径较为模糊。各专业虽有部分课程加以区别，但总体上，专业课程与基础课程大量重复，各专业的定位并不能在课程上清晰体现。这种专业方向上的定位模糊，为后续的金融学各专业学生的发展埋下隐患，导致各方向自分流以来，没有充分地体现各自的特色，并产生相应的影响。

2. 人才培养方式

金融学专业人才属于实用性人才，因此在培养的过程中，既要扎实理论研究的能力，也需要注重实操能力的提升，这两个方面的结合需要培养方式多样化。但目前国内的金融学专业发展较慢，人才培养模式也相对单一，其模式主要是以课本为主的理论教学方式，而学生实践实操的机会较少。部分专业及院校配备了实习基地或是实验基地，但基地的覆盖面，并不能囊括所有学生，实际效果不明显。尤其是地方性高校金融学专业毕业生，缺乏核心竞争力，就业空间被重点高校毕业生挤占，造成人才市场上人才的供给与需求严重不平衡。

3. 课程体系滞后

目前，金融学专业的课程设置主要包括通识课平台课程，如大学英语、高等数学、德育课程、体育课程等；学科基础课平台课程，如统计学、经济学、会计学等；专业课平台课程，如公司金融、商业银行学、国际金融学、投资学等。课程设置是由经济科学、基础科学、社会科学等相关领域知识的拼凑组合而成，自金融学专业设立开始，对基础科学的门类加以限制，课程体系僵化，同时也没有大规模地对金融学专业进行系统化的课程体系改革，从而使得专业缺乏课程体系的顶层规划与深入设计，因此不能在课程上面体现学科知识和国际化的深度融合。

4. 师资薄弱

师资问题，是限制金融学专业人才培养发展的关键因素之一。一方面金融学专业相对于经济学、管理学专业来说属于新专业，师资力量相对而言较为薄弱。目前国内多数学校存在着师资结构不合理的问题，生师比超过国家标准，很多学校国际化师资储备明显不足。而另一方面，部分金融学专职教师缺乏金融行业或是海外工作实践经验，这也是制约金融学专业发展的因素之一，很多专职教师都是从学校到学校、毕业即教书的学者型人才。

三、大数据在国外人才培养中的运用

美国在 2012 年 4 月就已经发布了 *Enhancing Teaching and Learning Through Educational Data Mining and learning Analytics*，该草案中提到，美国联邦教育部从财政预算中拨出 2500 万美元，借助大数据技术试图分析和改善教育问题。[①] 同年，美国联邦政府还参与了一项耗资 2 亿美元的教育大数据计划。由此可见，在美国大数据技术已经广泛应用到了人才培养中。

这项教育大数据计划，构建了一个完善的“学习分析系统”：通过对人才培养数据的深度挖掘和现实案例相结合的框架，向教师传递关于学生如何能够学得更多、更快、更好的讯息。不仅仅是从结果来看待学生的学习状况，而是比对其周围环境及其他相关因素，由此得到更为精确、有用的信息。同时在美国的一些大型企业，诸如 IBM 中已

① Enhancing Teaching and Learning Through Educational Data Mining and learning Analytics [EB/OL]. [2012-10-12]. http://www.ed.gov/edblogs/technology/files/2012/03/edm-la-brief.pdf.

经成功地商业化运作教育中的大数据，不仅为这项计划提供了技术支持，还保证了计划运行的资金。

不仅仅是在美国，总部位于加拿大的教育公司 Desire 2 Learn，也已经开始面向高校学生，提供大数据服务，这项服务通过收集分析过去的成绩，预测和改善未来的学习成绩。该技术在美国及加拿大被广泛应用，目前已有 1000 多万学生运用此项技术对其学习进行规划和管理。

从大数据技术在美国及加拿大人才培养的运用，不难发现，借助这一技术所进行的学习管理分析，能够为每一位运用这项技术的学生都提供了量身定做的学习管理方案，以及个性化的课程管理。还能够提供一个预见性的学业预警系统，以便发现“挂科”、退学等潜在的学业风险。同时这项技术还能为学生的未来学习规划、创建出一个极富挑战性的学习计划。

四、建议

（一）界定金融学专业国际化培养目标

在明确金融学专业国际化培养目标以前，需要先对人才市场的需求有一定的了解。对于目前国内的人才市场而言，当下正急需一大批拥有大数据及金融专业学习背景，并掌握大数据最新算法的金融复合型人才，这其中就包括了：大数据科学家、大数据金融产品经理、大数据金融产品研发工程师、金融数据分析师、数据监管人员和大数据架构师等。在这些岗位中，数据科学家是需要制定大数据中心总体技术架并负责主导大数据平台的研发人员。而大数据架构师则是负责建设、维护和优化大数据集群和计算框架的程序员。这些从业人员中大部分人都拥有传统计算机编程或人工智能（Artificial Intelligence）的专业背景，并且能熟练使用统计软件。大数据金融产品研发工程师则属于技术人员，负责金融类数据产品的数据架构设计及关键模块的开发并协助产品的设计、架构优化及关键模块的设计开发，协助团队解决开发过程中的技术难题，用常人能够理解的语言表述出数据背后所蕴含的信息，进行趋势预测等。数据监管人员负责数据挖掘分析工作，将数据和业务深度融合，挖掘价值，从应用出发不断倒逼数据质量，这对毕业生而言，就不仅仅需要他们对专业理论与技能熟练掌握，还要求他们能够拥有出色的人际交往能力。

通过对人才市场各岗位的分析，不难发现，随着大数据时代的高速发展，对人才市场提出了很多新的需求。这需要各高校重新定位金融学专业的人才培养目标，并以人才市场的需求为导向。这是金融学专业建设的重中之重，同时也是合理制定人才培养方案和建立课程体系科学设计的保障，能为后续的专职教师团队建设提供有针对性的指导。

（二）制定科学的金融学人才培养方案

针对目前僵化的人才培养方案，在大数据时代需要金融学专业人才具备快速的反应能力、广阔的国际视野和综合分析能力，此外也更强调人才的动手能力。因此在制定培养方案的过程中，要以市场需求为中心，对金融学专业人才培养方案进行灵活的设计。既要保证学生们坚实的专业理论知识学习，也要加强理论与实践相结合的实操培训，致力于为学生搭建更多的实践平台及实习基地，拓宽实践渠道。

金融学专业要扩大与金融机构和科研院所的深度合作，让产、学、研三方深化结合、互惠发展。此举可以为在校学生创造更多的研究、实习机会，同时也可以针对某个合作金融机构的具体问题开展或研究一些横向课题，引导学生在金融机构的资助下开展专业的学术研究。这样既能丰富在校学生的实践经验，又能够提升他们的科研能力，还能促进合作金融机构的创新发展。

同时，为了符合金融学专业国际化人才培养模式，还应鼓励在校学生积极参与跨校交流，借助国外合作院校平台，提高学生的国际视野。

（三）及时更新课程体系

相比于其他学科，金融学专业是一个比较强调时效性和动态发展的专业，因此金融学专业的课程体系设计要以培养目标为基础，结合当下的时代发展特色进行调整和更新。目前金融学专业的课程体系框架大致上可以分为通识课平台、学科基础课平台、专业课平台和实践课平台课程四个模块。但在具体的课程内容上，应根据不同的研究方向有所更新，比如数据治理的规范化、各国政府间的数据共享和数据开放化及生态化，已成为大数据在金融行业呈现出的三大发展趋势。因此金融专业可及时增加与之相关的专业课程。

其中，通识课平台课程应以培养学生的社会伦理、身体素质和语言能力为主要目标，通常在本科阶段的第一、第二学期开设，这其中包含通识基础课，例如数据库应用、计算机应用基础等。而学科基础课平台课程则以相关学科课程为主，例如：会计学、经济学和统计学等。专业课平台课程和实践课平台课程是以扎实学生的专业知识、技能和增强实操能力为主要培养目标，确保学生能熟练操作在日后实际工作中能够运用到的专业技术技能，例如：投资学、大数据与Python语言、商业银行零售业务、信用分析数据采集与管理等课程。金融学专业的课程体系设计是一项系统化的专业工程，需要从学科整体上进行协调，并从考虑全局的角度开展统筹规划，以计算机技术（数据库应用、计算机应用基础）、定量（统计学、线性代数、微积分、概率论）和实践（实验室、实习基地）作为支撑，采用课堂讲授和在线教学相结合的教学模式，使金融学专业的毕业生能够成为拥有完整知识结构、具有国际化视野的高素质复合型人才。

目前各大高校致力于将各专业核心课程打造为五类金课。金融学专业可以将学习分析系统引入到课程建设中，在保证课程质量的同时，也对学生的学习情况进行系统化的分析和管理。

（四）加强师资队伍建设

针对专职教师师资队伍建设中的问题，需要合理优化师资队伍中的各项结构，尤其是职称结构和年龄结构，这能保证专业人才的可持续性。在招聘新进教师时，优先吸纳具有海外留学或工作经历的国际化优秀人才，以及拥有丰富行业工作背景的金融机构精英人才。而在师资队伍建设过程中，要支持专职教师参与国内外组织的金融学术研讨会，增加国外交流与学习的机会，通过引入国外先进办学理念，来优化金融学专业的培养模式。

五、结语

金融学专业是一门横跨多个学科的专业，主要涉及经济学、数学、社会学、政治学等多个相关专业的领域知识，具备行业发展迅速、注重实际运用等多个特点。大数据时代背景既为金融学专业建设带来了新的挑战，也带来了新的发展机遇，金融学专业能否灵活应对全新的挑战，与国际接轨，培养出具备国际视野和扎实理论基础的复合型人才，与转变培养思路、课程的创新发展，无疑是密不可分的。

参考文献

[1] Nature. Big Data. http：//www. nature. com/ nature/journal/v455/n7209/.

[2] 维克托·迈尔·舍恩伯格. 大数据时代 [M]. 浙江人民出版社，2012.

[3] Enhancing Teaching and Learning Through Educational Data Mining and learning Analytics. http：//www. ed. gov/edblogs/technology/files/2012/03/edm - la - brief. pdf.

[4] 王广谦. 21 世纪中国金融学专业教育教学改革与发展战略研究报告 [M]. 北京：高等教育出版社，2006.

[5] 吴文莉. 金融专业本科层次全英教学模式的探讨 [J]. 科技信息，2007 (3)：539 - 542.

[6] 柏群，姜道奎. 地方高校国际化人才培养新途径探索 [J]. 科技与管理，2009 (9)：35 - 39.

[7] 中央财经大学中国互联网经济研究院，经济学院. 互联网金融创新蓝皮书：中国互联网金融创新与治理发展报告 [R]. 北京：社会科学文献出版社，2019.

22　浅谈金融科技背景下金融科技人才培养模式思考

屠谦蕙*

摘要：随着经济全球化和金融自由化的不断发展，大数据、人工智能、区块链等前沿技术与金融不断深度融合。然而目前金融高校的金融科技人才培养供不应求，针对此问题，本文提出相应的建议与对策，从而更好地培养出高质量、高层次与适应时代需求的人才。

关键词：金融科技；人才培养

引　　言

近年来，随着经济全球化和金融自由化的不断发展，金融与科技正逐渐改变着我们的生产与生活模式。从字面上看，金融科技（Fintech）是金融（Finance）与科技（Technology）的合成词，华尔街俱乐部对金融科技的定义是利用科学技术驱动的大数据、人工智能、区块链为代表的前沿技术与金融紧密结合，对传统金融产品及服务所带来的商业模式变革和业务流程的革新，它的核心是技术驱动的金融创新。央行在《金融科技发展规划（2019～2021年）》（以下简称《规划》）中提到，至2021年，进一步建立健全我国金融科技发展的“四梁八柱”，增强金融业科技应用能力，实现金融和科技深度融合、协调发展。但是，当前我国金融科技人才的培养与输出远远不能满足我国金融业发展的需求，金融行业需求与高等院校金融教育之间明显出现匹配失衡的问题，大学生就业难、金融企业招工难的问题更为凸显。这意味着，现代化的金融体系亟需一大

---

* 屠谦蕙，上海立信会计金融学院教职工。

批优秀的复合型、创新型金融科技人才，金融高等教育应把握金融市场的新变化与新趋势，培养出高质量、高层次与适应时代需求的人才。

一、大数据、AI、区块链技术对传统金融的影响

在金融科技与传统金融相互融合的背景下，金融科技创新的迅速发展给经济社会的变化带来了巨大影响，以大数据、AI、区块链等新技术为代表的前沿科技的不断涌现，正渐渐打破传统金融的边界，引领和推动了金融业的创新和变革。近5年，不管是“蚂蚁雄兵”的新金融企业，还是“大象起舞”的传统金融机构，越来越多的金融机构逐渐增强对技术转型的投入，进行深化战略变革、探索创新与实践模式等。

大数据技术在金融领域中的应用较为广泛，对金融行业的影响巨大，为金融行业带来精确预测评估以及产品和模式创新，提高经营效率。例如，证券公司通过对客户行为数据及信息的收集，对其交易习惯、风险偏好等做动态采集与分析，掌握全方面的客户视图，为其提供合适的金融产品。

人工智能与大数据相辅相成，通过数据、计算能力和算法逐渐参透到传统金融行业中，一些重复性、基层的金融工作正逐步被人工智能替代，同时人工智能可迅速通过N个维度综合分析、评估用户的投资偏好及趋势，设计出更加符合不同客户需求的个性化财富管理方案，提升客户体验。

区块链技术，因其公开透明、去中心化、无法篡改及多方协同的技术属性，在金融领域应用中具有先天的优势，不仅具备改变金融基础服务模式的巨大潜力，还在金融界表现出广阔的应用前景。当前，区块链技术在金融领域的应用探索正从概念验证逐步形成实践应用，如贸易金融、跨境支付与智能合约等多个业务领域。在《中国区块链金融应用与发展研究报告（2020）》中显示，金融已是区块链技术应用探索的重点领域。美国、加拿大、英国等国家的顶尖金融机构正大力推动区块链在跨境支付、证券结算、金融监管等方面的研究或试验。

二、中国金融科技人才发展面临的问题及需求分析

（一）金融科技人才现状及不足

随着金融科技行业的需求不断壮大，多个领域的优秀人才抢夺导致市场上金融科技相关人才缺口进一步扩大，总缺口超过 150 万人，“人才荒”的现象不断涌现。国际人力招聘公司 Michael Page（中国）在《2018 年中国金融科技就业报告》中指出，在金融科技人才招聘方面，企业雇主正面临着巨大挑战。其中，85% 的金融机构受访者透露他们遇到招聘困难，45% 的受访雇主表示他们面临的最大招聘困难是难以找到符合特定职位需求的人才。除此之外，证券、银行等均已启动金融科技相关招聘，涉及包括金融产品设计类、大数据类、互联网产品开发类等重点需求岗位，其招聘力度正逐年增大。然而，包括银行在内的不少数字化金融机构仍然表示，高薪福利也难以招聘到符合特定职位要求的人才。由此可见，金融科技人才缺乏是现阶段最突出的问题，人才战略是确保金融科技行业成功发展的一个重要因素。

（二）金融科技人才需求分析

1. 金融科技复合型人才

随着金融科技的蓬勃发展，金融科技领域的复合型人才需求日益增长，复合型人才不仅要能够熟练掌握、灵活运用金融业务知识与互联网技术，还要具有较强的实践和知识更新能力，并同时具备风险意识和法治思维的人才。我国现有金融人才的数量不算少，技术人才也很多，但普遍存在“懂行业的基本上不懂技术，懂技术的大多不懂行业”，这导致拥有高度知识储备的相关人才严重短缺。

2. 金融科技创新型人才

金融科技是通过金融行业创新而来的，还处于起步阶段，需要更多的创新型人才。创新型人才应具备强大的创新能力、灵活的创新意识、超前的革新思维与科学的创新实践。习总书记在多个场合均强调“发展是第一要务，创新是第一动力”，人才是创新的“第一资源”和“核心要素”。在《规划》中也提到，要把“加强人才队伍建设”作为重要战略部署之一，注重从业人员科技创新意识与创新能力培养，优化金融业人员结构，为金融科技发展提供智力支持。在金融科技的时代下，创新型人才应将金融与科技

最新前沿的知识与现实相结合，不能继续走传统金融模式的老路，出现所学的知识与现实需求严重脱节的情况。

三、金融院校金融科技人才培养所面临的问题

在新金融科技大潮下，知识的更新速度是瞬息万变的，冷不丁出现一个新事物，就让人措手不及。虽然现在的金融科技应用并不是很普遍，但是在不久的将来，可能整个金融行业将离不开人工智能、大数据等新兴技术的应用。目前，金融人才培养主要来自于各大金融院校，但是现阶段，大部分教学主要是以教师为中心，以教室为中心，以教材为中心，忽略了学生自身学习探索的主动性与积极性，特别是现在普遍存在的应试教育导致在校大学生缺少思考问题、自学能力，较大程度上束缚了学生的创新思维。其次，当前高校教育普遍是针对传统的金融行业，这就导致学生只有传统的金融专业思考能力。同时，存在重理论课程而缺乏与时俱进的探索与创新，这会使学生难以把理论知识与市场业务内核进行举一反三。从供给侧方面来看，国内金融院校开设金融+科技相关课程较少，课程设置不太合理，实践实训实验教学不够完善，专门的师资力量也相对薄弱些，从而无法输送相应的人才。重要的是，金融高校由于缺少相关资源平台，使教学内容与市场需求相脱节，以致培养的金融专业学生无法满足金融市场的需求。因此，如何实现人才供应与市场需求的有效对接与融合，成为当前形势下亟需解决的一大问题。各大金融院校应推陈出新，为金融行业培养一批“召之即来，来即能用”的金融人才。

四、金融科技人才培养对策建议

（一）优化课程体系

大部分金融院校仍以传统金融学课程为主，培养金融科技人才在经济学与金融宏观类的基本理论知识基础上，还应加强数理、计算机等其他专业技术课程的交叉融合。通过系统掌握经济、金融学理论和科技金融理论知识，了解在新时代背景下，认识和理解金融科技产业的发展历程；通过学习大数据分析处理、算法与模型设计等互联网技术相关课程，提升学生的数据化思维，培养利用大数据解决金融实务的能力；同时，养成良

好的数学素养，掌握统计学的基本理论和方法，适应银行科技、保险科技、监管科技等领域需要的既有金融专业知识又有科技思维的复合型高素质人才。在此基础上，采取线上线下教学相结合的方式，通过慕课、翻转课堂等在线课程教学方法，增强学生创新、自学、合作能力的培养，提升学生自主管理能力，提高其综合素养。

（二）加强师资队伍建设

充分实施“引进来”“走出去”战略，完善高层次人才的引进与培养机制。引进拥有理论基础好、实践应用能力强的金融机构与金融科技领域专家加入师资队伍建设中，将现实中的实务案例带入校园，有效将金融理论知识与市场连接在一起；邀请行业精英为在校教师进行培训，增加在校教师对金融科技行业的了解。加强师资培训，虽然我国高校的金融教师多为博士学历，拥有丰富的金融理论知识，但是大部分经历的是“校园到校园”的职业生涯路线，缺少企业工作经验，导致无法很好地对学生进行企业实践指导，应积极鼓励教师走出去通过进修、培训、出国访学等方式接触金融科技前沿研究与应用，派遣教师前往相关金融机构挂职锻炼学习，加强“双师型”教师的培养。

（三）以市场需求创新实践教学

金融实验实训课程是高校实践教学的重要环节，作为连接学校理论知识与行业实操能力的一座桥梁，对培养学生科学思维与创新能力具有重要意义。通过情景模拟教学方式、现实案例、情景演练等，以金融业务场景化设计为实践目标，以来自市场的金融技术问题为导向，感受金融业真实的从业环境，鼓励学生培养运用理论知识解决实际问题的能力，为日后进入实务领域奠定基础。

五、结语

金融高校作为培养金融科技人才的主力军，应不断优化课程体系、加强“双师型”教师的培养、注重实践教学，更好地为金融市场培养出高质量、高层次且满足时代需求的复合型、创新型人才。

参考文献

[1] 陈小蕴. 新金融时代金融学专业人才培养模式探讨 [J]. 产业与科技论坛，2020.

[2] 刘勇，曹婷婷. 金融科技行业发展趋势及人才培养 [J]. 中国大学教学，2020 (1)：31-36，59.

[3] 卓不群. 金融科技 (FinTech) 三年发展规划发布 [J]. 金融经济，2019 (19).

[4] 胡艳明. 报告称中国金融科技面临人才紧缺 85%的雇主遇到招聘困难 [J]. 商讯，2018，144 (11)：39-40.

23　浅析大数据背景下优化高校成长帮扶制度的探索

杨婷婷*

摘要：高校教育能促进教育公平，阻隔贫困代际传递，成长帮扶工作更是高校落实国家教育扶贫工作的关键，关乎每一位帮扶学生的切身利益和长期发展。高校的学生们来自五湖四海，情况各不相同，如何精准定位符合受助条件的学生、有效落实帮扶政策，是高校实现教育扶贫、助力脱贫攻坚的关键。大数据时代的来临，使社会各领域能深入获得和使用更加全面、完整和系统的数据，探索更有效办公的方式。而高校是数据生产大户，每日学生在校生活、学习、上网等都会产生大量数据。本文将结合现阶段情况，探究在大数据背景下，通过收集、管理、预测和分析学生在校“动态数据”，结合“静态数据”进行综合评价，达到“精准”定位、“有效”实施、优化现阶段成长帮扶制度，促进高校发展，提升育人水平。

关键词：成长帮扶；大数据；优化；精准

引　　言

党的十九大开启了加快教育现代化、建设教育强国的新征程。习近平总书记在报告中提到优先发展教育，办好人民满意的教育，落实立德树人根本任务，为高校发展提出了要求，指明了方向。十九大明确把精准脱贫作为决胜全面建成小康社会必须打好的三大攻坚战之一，作出了新的部署。高校成长帮扶工作不但涉及学生生活、学习方面切身利益，而且也关乎学生的身心健康和成才发展，需要长期进行、实时关注，是一项系统

---

* 杨婷婷，女，公共管理学硕士，毕业于上海理工大学，上海立信会计金融学院学工秘书，主要负责学院日常学生管理事务，研究方向：公共管理、人才培养、学生管理等。

工程。脱贫攻坚这项系统工程，贵在精准，重在精准，成败之举在于精准，“精准”需要创新方式方法。习近平指出，通过大数据、云计算、人工智能等手段推进城市治理现代化，大城市也可以变得更“聪明”。从信息化到智能化再到智慧化，是建设智慧城市的必由之路，前景广阔。同理，通过大数据，也能助力高校向智慧化发展。自2000年校园大数据技术平台构想被提出以来，高校陆续开始“试水”大数据技术，大数据在高校人才、学科建设等领域开始发挥作用。然而在学生工作方面，大数据的应用却仍处于“洼地”。尤其高校成长帮扶工作，需要落实国家、地方各项政策，“精准”是保障政策能落实、落地的关键，因此在大数据背景下，高校应探索一条现代化、科学创新的帮扶捷径，助力学生成长成才，通过优化成长帮扶制度，使之精准化、科学化、现代化、规范化，让大数据应用在这里成为制胜“高地”。

一、研究背景和意义

（一）研究背景

据统计，全国高校贫困生人数约占在校生总数25%，家庭经济特别困难学生约占8%。随着高校逐年扩大招生规模，贫困生的人数呈迅速增长趋势，各高校都面临大体量的困难学生群体，成长帮扶工作是各高校学生管理工作中越来越重要的部分，关乎学生的健康成长与成才。各高校致力教育扶贫，落实党的十八大所提出的“大力促进教育公平，提高家庭经济困难学生资助水平，让每个孩子都能成为有用之才”的重要举措。随着国家对于教育扶贫工作的日益关注，针对高校贫困生的帮扶政策不断推出，涵盖学校、社会各方参与的“全覆盖”资助体系日趋完善。其中针对高等教育的学生资助政策有国家奖学金、国家励志奖学金、国家助学金、国家助学贷款、基层就业学费补偿贷款代偿、应征入伍服义务兵役学费补偿贷款代偿及学费减免、直招士官学费补偿贷款代偿、师范生免费教育、退役士兵教育资助、新生入学资助项目、勤工俭学、校内资助、绿色通道等。各高校能“有效”落实这些帮扶政策，能提升人才培养质量，真正促进教育公平。

通过实际工作，笔者发现目前成长帮扶的工作体系尚存在以下问题，其解决可以提升帮扶工作的“精准性”和“高效性”。

一是缺乏动态定位的功能。目前高校困难认定工作一般在每学期期初开展，评审出的困难级别作为一学期的困难认定结果，是一项“静态数据”。而对于学期当中突发困难情况的学生，往往需要通过辅导员、同学观察或者困难学生主动反馈来得知，如果学生由于内向或者自尊心过强等原因不说，就很难“第一时间”获知学生情况进行及时帮扶。且经济困难或家庭突发情况，会影响学生精神与心理，使之出现自卑、敏感、脆弱、孤僻等心理问题，还可能存在发生意外的风险。故“动态”“第一时间”的“定位”非常重要，有助于辅导员、学院马上核实情况，解决危机。成长帮扶工作不仅提供基本生存需要，还需让学生感受到被爱与尊重的需要。

二是缺乏系统性的工作方案。高校要“精准”扶贫，对困难学生帮扶需形成科学、系统与具体的方案。然而目前数据平台存在不完整、帮扶工作随意性较大等问题，缺乏长期系统的工作方案。对贫困生的帮扶，不应只是阶段性的，而应从入学开始，到在校学习和生活期间，到毕业再就业，覆盖整个大学周期。为困难学生提供生存与发展的保障与提高机制，需要扶贫与扶志同步进行，需要系统与具体的引导方案与实施平台，让其从入学适应期开始到顺利毕业、就业都得到精准帮扶。

（二）研究意义

1. 提升高校信息甄别能力

高校成长帮扶体系，相较传统模式，通过信息化汇总信息比纸质办公便捷，便于最终的汇总审阅，然而目前信息化仅负责数据录入，却没有数据收集、分析的功能。例如进行学生的困难认定工作，学生进行系统申请，提交纸质申请表，由班级、学院组成困难认定小组，根据学生纸质申请表进行评议，在系统对评审结果进行审核。该项工作得出评审结果，是“静态”的。信息系统没有“甄别”学生“动态信息”的能力，无法“定位”临时困难学生。因此现阶段对于困难资助工作而言，实现了“无纸化”，却没有达到“智慧化”。

大数据背景下，研究通过大数据实现动态的“精准定位”是非常必要的。对于已经实现脱贫的学生，应及时“甄别”，不继续占用其他困难生的资助名额；对于学生突发情况，及时“定位”，进行预警，第一时间介入核实，开展帮扶工作，消除隐患危机。

2. 完善高校成长帮扶体系

高校成长帮扶体系需要公平、公正的评审环节来推动各利好政策的有效落地，而目前其关键的评审环节却以主观认定为主，缺乏完善、严谨的体系支撑。要做到“精准”

“公平公正”，以下问题亟待解决：一是纸质审核标准存在不合理的情况。我国各地区发展不平衡，各地困难认定标准不一致，困难认定材料不统一；二是学院、老师、学生干部组成困难评议小组对学生情况进行排摸，主观的评判往往存在不公平情况，且通过表面现象难以判断学生真实情况。

大数据背景下，研究通过大数据提升评审工作的“精准性”，完善成长帮扶体系，落实精准扶贫重大工程。

二、不容忽视的大数据助力潜能

大数据的历史成就证明，我们正在越来越多地利用大数据来探索解决“精准”问题，通过收集多元数据能更加客观地从多个角度来判别和衡量，其应用潜能和实际价值逐渐在社会各领域突显出来。

（一）让数据发声，提升“甄别”能力

通过大数据可以获知潜在价值的信息。在 2009 年的甲型 H1N1 流感病毒爆发几周前，谷歌公司的工程师们通过人们在网上的搜索记录来预测流感传播范围，甚至可以具体到特定的地区和州，他们的预测数据与官方在几周后流感爆发的统计数据相关性达 97%。这个实例让我们看到大数据有挖掘潜力和分析预知的能力，工作中如果能运用好数据这一“能力”，让数据发声，将会大大提升工作的有效性。

（二）让数据“有序”，实现“精准”助力

面对“混乱”的大数据，不用束手无策，只要结合科学的分析方法，能得到非常有益的效果。2016 年，麻省理工学院两位经济学家设计了一个软件，在互联网收集全美 50 万种商品价格，当时的数据又乱又杂，可是他们利用一个巧妙设计的分析方法得出的结果要比官方提前几个月。而美国联邦政府为了得到相应数据，雇用大量人工来给全美商场打电话甚至登门拜访，花费了大量人力物力，得到的采集结果却滞后几周时间。在工作中，结合大数据运用环境，设计合理的分析方法，来处理获取的“混乱”数据，能使大数据实现从量变到质变。

三、大数据背景下，优化高校成长帮扶制度的对策

2017 年 11 月 3 日，教育部科技司司长雷朝滋在北京师范大学召开的高校大数据应用研讨会上强调，高校要充分认识大数据的重要意义，以大数据的深化应用引领教育改革创新。教育现代化 2030 年的发展目标要求建立信息时代现代化教育体系，这必将引发教育理念和模式的深刻变革。国家将要推出教育信息化 2.0，要求实现从教育专用资源向大资源开发应用、从提升应用能力向提升信息质量、从融合发展向创新发展三个转变。纵观大数据近几年在高校的发展来看，主要的应用在学科发展方面，而在其他方面的应用开发有待加强，尤其是国家日益重视的教育扶贫工作，要跟上教育现代化发展要求，必须着力打造“智慧化管理”蓝图，并建立相应保障机制来逐步实现。

（一）提升高校管理人员对于大数据的应用和认知能力

大数据时代下高校管理人员，除了掌握高等教育和教学方面的专业知识，还需要有计算机、互联网和大数据技术及认知能力。首先是建立大数据统一联动数据队伍，学生管理工作由多个业务部门一起联动运作，如学生处、招生办、二级学院等联合网络信息中心开展工作，需要建立大数据项目的专门项目组和联动机制，来保证大数据项目可以落到实处。其次，为了大数据应用的便捷管理，建立数据应用标准、使用制度，通过统一标准，保证大数据分析准确性，并设立保障制度来保证数据应用的安全和有效实施。

（二）大数据优化成长帮扶制度的对策建议

现阶段的高校普遍实现“互联网 +”的学生管理模式，相比以往人工化管理便捷了许多，但由于“信息化孤岛”“网络模块化”等现实问题，使学生管理工作还远谈不上现代化和智慧化。目前相当一部分学生的管理工作以信息系统 + 人工模式为主，这样的工作模式既不完善，又较多地占用学生工作者的时间资源。实现“高效”和“精准”的工作模式，是现代化高校学生工作亟待探索的方向。通过大数据背景，结合现阶段工作，探究利用大数据助力实现更加高效、更加合理化的成长帮扶工作：

1. 大数据实现“精准定位”

现代化高校的学生应拥有动态数据“画像”，内含其学习、生活、消费、心理、健

康等全方位轨迹，有助于学校各部门掌握学生的准确情况，进行“一生一策”的成长帮扶设计。现阶段辅导员工作繁忙，应对的学生情况众多，容易忽视在学生身上“突发”的一些细节情况，尤其部分困难学生不善于表达或者因自卑心理刻意隐瞒其真实困难情况。然而这些“未知”的情况不但影响这部分学生享受国家、学校的帮扶制度，也会影响学生心理健康、成长成才。在大数据背景下，可以通过“精准甄别定位”和“第一时间发声”来提早介入学生困境，消除未来隐患。整个大学期间，通过对学生家庭情况、学习成绩、校园生活、一卡通消费、心理健康、身体健康等相关信息动态收集，通过综合统计分析，及时“定位”某时段异常波动数据，进行预警提醒（如图23－1所示）。例如，学生很长时间未使用一卡通消费，系统可以进行“甄别”并及时进行提醒，辅导员可以根据反馈，马上介入、核实实际情况，了解学生是否发生经济困难，并第一时间开展帮扶工作。大数据的灵敏“甄别”能力，是人工无法企及的，如能有效利用起来，可以辅助辅导员进行高效帮扶工作，能腾出更多的时间来进行“扶志”工作，实现智慧化地落实成长帮扶工作。

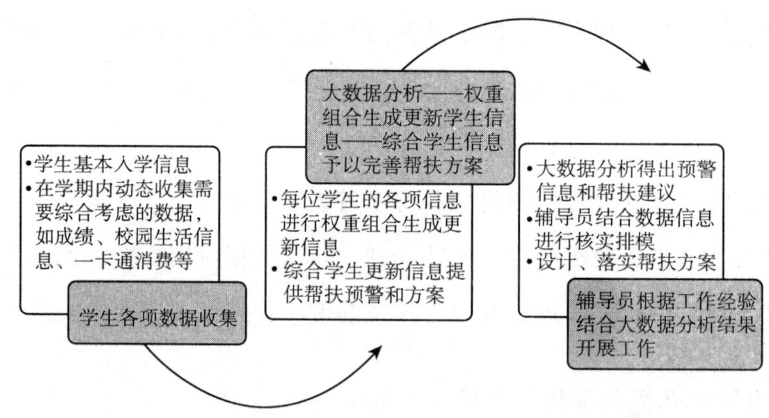

图 23－1　大数据实现学生信息动态“智慧甄别”

2. 大数据完善成长帮扶评价体系

高校资助工作是国家重点精准扶贫工作之一，是体现教育公平、保证每一位贫困生顺利完成学业的保障，确保资助金用在“刀刃”上，让贫困学生享受国家的恩泽，要严格把关审核，确保让真正贫困的学生享受到资助政策。高校资助困难认定工作流程为：首先由学生提交所在地部门出具的困难认定表，其次由班级、辅导员、学校资助工作组进行评审工作（如图 23－2 所示）。

笔者发现该项评审工作存在主观评审主导、困难认定依据不够充足、不够客观等问

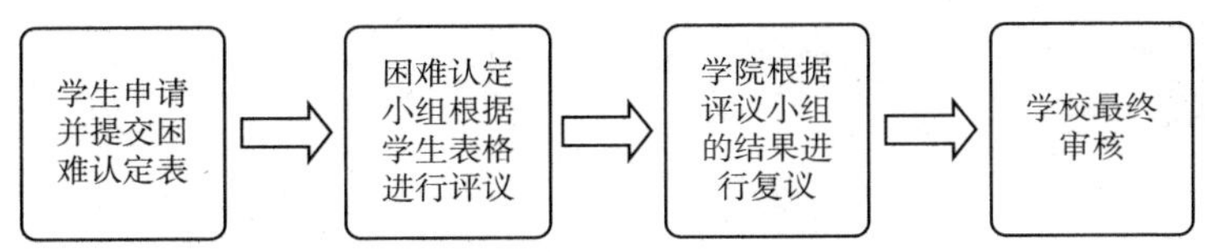

图 23－2 传统背景下困难认定审核流程图示例

题。在大数据背景下，随着国家对扶贫工作的高度重视，由国家牵头，搭建统一的全国贫困大学生的大数据平台，对接各地方部门，进行长期动态的数据采集，加强顶层设计的困难认定的审核结果能实现各地审核标准的统一性。接下来，在高校内部建议可以利用大数据多维度进行评估，实时动态地收集学生校园消费（校园一卡通）、日常生活、上课签到、学习反馈、思想动态、心理健康等多维度数据；综合进行权重分析评估，结合学生地方困难认定情况，进行困难学生的评审工作。顶层大数据平台建设＋高校动态学生数据库建立，能全方位地提升资助的有效性和精准性（如图 23－3 所示）。现代化成长帮扶工作，不宜唯以“固定”“单一”的标准来“说话”，通过大数据支持，可以从德智体美劳多维度来评估学生是否符合成长帮扶的要求。

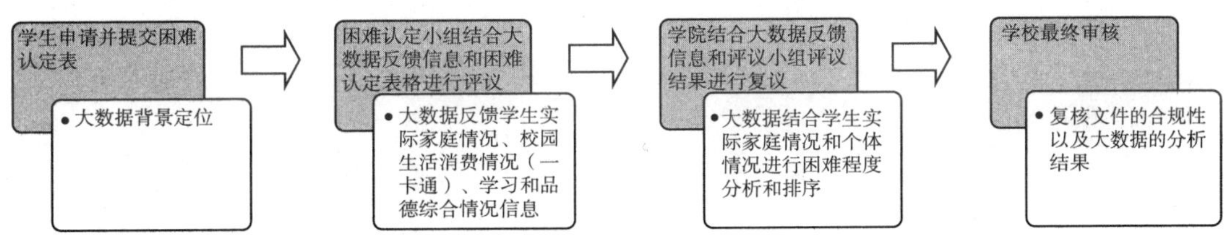

图 23－3 大数据背景下困难认定审核流程图示例

（三）大数据背后需注意的问题

大数据高速发展的背后也存在风险和隐患。信息安全面临着严峻的挑战，建立相应的保障制度是保证大数据能在高校落地扎根的关键。我们要结合学校实际情况和大数据相关应用准则，制定适合的保障制度：一是建立大数据使用制度，学生的各项信息不乏需要保密的隐私信息，因此相关的工作要建立严格的使用标准、保密制度。二是建立安全保障制度，制定相应的数据安全保障制度来保护信息不外泄、不丢失。所有数据信息需通过合法途径取得，信息专项专用，数据安全存储，这些都是大数据应用前必须落实的保障措施。

四、结语

习近平总书记指出：脱贫攻坚越往后，难度越大，越要压实责任、精准施策、过细工作。我国扶贫工作进入攻坚阶段，利用大数据的精准扶贫模式势在必行。新时代的高校应认识到“大数据”的价值，积极建设大数据平台，让成长帮扶工作从“保障型”向“精准型”“发展型”的转变，真正做到扶贫和育人双赢。